DEATH

A Leadership Fable

...about solving the most painful problem in business

決める会議

Patrick Lencioni

パトリック・レンシオーニ

小谷 力 訳

by Meeting

DEATH by Meeting
A Leadership Fable about Solving the Most Painful Problem in Business
by Patrick Lencioni

最高の妻ローラの
不動の信頼と楽観主義に捧げる

目次

実践

はじめに

「会議に出なくてもいいなら、もっと仕事が好きになれるのに」とは、私が何年も仕事をともにしてきたリーダーからよく聞いた発言だ。なるほどと思ったし、ユーモアさえ感じたが、実はそれはビジネスの現状についての悲しむべき発言なのだとわかった。

たとえば、手術を前にした外科医が看護師に対して「手術がなければ、本当に仕事が好きなのに」と言うところを想像してみてほしい。もしくは、公演を前にしたオーケストラの指揮者が「コンサートがなければ、もっと仕事を楽しめるのに」とこぼすところ、さらに、プロ野球選手が「この仕事が大好きさ、試合さえなければね」と打ち明けるところを。ばかげていると思うだろうが、これらは私たちが会議について嘆くのとまったく同じことなのだ。

こう考えてみよう。組織を率いたり管理したりする立場にあれば、会議が仕事の大部分を占めるだろう。結局のところ私たちは、赤ちゃんを取り上げたり、フィールドゴールを決めたり、舞台でコントをしたりといった、特に目立つようなこと、あるいは肉体的に大変なことをして報酬を得ているわけではない。好むと好まざるとにかかわらず、私たちにとって、手術室や競技場、舞台に最も似ているのが会議室なのだ。

それでも、ほとんどの人は会議が嫌いだ。文句を言ったり、避けようとしたり、終わるのが待ち遠しかったりする。たとえ自分が仕切る立場であっても、同じこと。組織運営において中心となる活動が、本質的に苦痛で非生産的であるとしたら、なんと情けないことだろう。

だが、会議は欠かすことができないのだから、これほど嫌われなくてもいいはずだ。大統領と閣僚が戦争を始めるかどうかを議論するのも、州知事と補佐官が増税や減税を検討するのも、CEOと経営幹部がブランドの立ち上げや新製品導入や工場閉鎖の決定を討議するのも、すべて会議の場なのだ。

問題は、会議が嫌いだったとしても、正しい決定をし、組織を成功へ導くことができるかどうかだ。私にはできるとは思えない。組織全体の知恵を引き出すには、ダイナミックで熱のこもった集中的な討議が行われるような良い会議に代わるものはない。だめな会議は大抵はだめな決定につながり、凡庸さの原因となる。

だが、希望はある。ビデオ会議や対話ソフト、あるいはロバート議事規則（訳注：アメリカ陸軍少佐ヘンリー・マーティン・ロバートが考案した議事進行規則）とはまったく関係ない。会議についての考え方をこれまでとは180度変えて、いくつかの具体的なガイドラインに従えば、つらくてうんざりするような会議を、生産的で説得力があり、活力を与えることさえできるものに変えられる。その結果、いつまでも会議の退屈さに不満を抱き、時間と労力と意欲を浪費し続ける競合他社に差をつけられるだろう。

どのようにしてそれを実現するかを説明するために、会議と格闘する経営幹部の物語を用意した。そして物語の後に、あなたが組織内で実行できる実際的なアイデアを紹介する。

会議が効果的になり、出席者が本来の熱意を取り戻せるよう、健闘を祈る。

物語

The Fable

あらすじ

ケイシー・マクダニエルは、人生でこれほど緊張したことはなかった。16歳のときに父親の葬儀で挨拶したときも、妻にプロポーズしたときも、ゴルフキャリア最大のトーナメントで勝敗を分ける3メートル弱のパットを沈めようとしたときでさえ、ここまでは緊張しなかった。

ケイシーは今、人生の分かれ目にいる。10分後には会議が始まり、それから2時間をどう乗り切るかで、自分のキャリアも将来の経済的な状態も、そして、自分で興した会社の命運までもが決まるとわかっていた。それを思うと、一瞬、気分が悪くなった。

これほど急激に生活が破綻するようなことが、起こりうるのだろうか？

回想 1

その男

社員のほとんどは、ケイシーのことを、並外れた男ではあるがＣＥＯとしては月並みだ、と言うだろう。

社員たちは個人的にはこのリーダーに心から好意を持っていた。ケイシーは、献身的な夫であり、４人の子供を愛する父親であり、セイクリッドハート教会の敬虔な信徒であるとともに、親切な友人であり、隣人だった。誰もがこの男を好きになり、敬服しないではいられなかった。

それだけに、彼のリーダーとしての能力に限界があることは、いっそう不可解だった。

発端

マクダニエル家は50年間、カリフォルニア州カーメルで質素に暮らし、ケイシーは周辺に数多くあるゴルフ場でキャディーやグリーンキーパーの手伝いをしながら成長した。大好きなゴルフに負けず劣らずコンピュータに関心があり、高校を卒業すると故郷を離れ、ゴルフ奨学金付きでアリゾナ大学に進学し、電気工学とコンピュータ科学を学んだ。

4年後、学年で中ぐらいの成績で卒業したが、ゴルフでは西部大学リーグのトップだった。そういうわけで、プロゴルフのＰＧＡツアーに参加して、いつか地元の名門ゴルフ場、ペブルビーチで友人や家族の前でプレーしたい、という誘惑にはあらがえなかった。ケイシーはＰＧＡの下部ツアーに参戦し、穏やかな性格だったことと誰にでもストロークの助言を惜しまなかったことから、すぐにツアーの人気者になった。

次の5年間、ケイシーは下部ツアーで思った以上の勝利を手にし、生活するには十分すぎるほどの賞金を稼いだ。ところが、ＰＧＡツアーにようやく参戦できそうになったとき、「イップス」と呼ばれる慢性的な症状に陥ってしまった。緊張や不安によってパットの動作が不安定になるのだ。多くの有望なプレーヤーが、精神面が原因のこの症状のせいでキャリアを中断している。ケイシーもその仲間入りをするしかなかった。

だがケイシーは、いつまでも落ち込んでいるような人間ではなかった。新たな目的意識とアイデアを抱えて故郷に戻ったのだ。そして、帰郷して数カ月のうちに結婚し、貯金で小さな家を買った。また、地元のプログラマーを2人雇って、かつてないほどリアルなゴルフゲームの開発に挑戦した。その結果、予想をはるかに超えるスタートを切ることができた。

成功

ケイシーは、イップ・ソフトウエア社の設立から2年以内で最初のゲームを発売し、それはすぐにスポーツ関連ゲームに求められるリアルさのスタンダードとなった。このゲームには、ゴルフに関する彼自身の豊かな経験に基づき、パッティング・グリーンはもとより、ゴルフ場で実際に起こりうる数多くの場面に関する深い知識が織り込まれていた。

それはすぐに、最も重要な顧客層と目されるゴルファーたちから大歓迎された。ケイシーはツアーに参加する多くの現役プレーヤーと親しかったので、何人かの若くて優秀なプレーヤーのスポンサーになるという効果的な契約を、格安で結ぶことができた。

しかし、単なるニッチ商品の枠を超えて、ケイシーがこのゲームをスポーツ・イラストレイテッド誌で紹介されるほどの成功に導けたのは、単なる偶然としか言えなかった。ゲームの発売から1年と経たないうちに、ケイシーの友人のひとりがPGAツアーで初優勝し、試合後の記者会見で、パッティングが上達した理由について、きまり悪そうにこう答えたのだ。

「こんなことを言っても信じてもらえるかどうかわからないけど、優勝できたのは、最近やっているゲームのおかげかもしれない」

こうして、ケイシーのゲームは世の中に広く知られることになった。

発展

あっという間に、それまでこのゲームに縁のなかった多くのゴルファーから、イップ社のフリーダイヤルにこの商品の注文電話が殺到した。ケイシーはすぐにちょっとした事務所を開設し、10人ほどの社員を雇って必死に事業に取り組んだ。

やがて、そのゲームは全米のほとんどのゴルフショップやゲーム店で販売されるようになる。それからの8年、ケイシーはさらに多くの社員を雇い入れ、新しいゲームのプログラムを作り、販売店を増やし、事務所も何回か引っ越した。その間、ケイシー自身の子供も増えていった。

会社設立から10年目（つまり結婚から10年目）には、私生活では4人の子供をもち、仕事ではゴルフとロードレースと最新のテニスゲームをはじめ8つのゲームを販売し、すっかり成功を収めていた。ケイシーの細部へのこだわりのおかげで、それらのゲームは、スコットランドのセント・アンドリュースのゴルフコースや、ツール・ド・フランスのルートとなるピレネー山脈の高原地帯、ウィンブルドンの芝コートといった世界じゅうのスポーツ会場をリアルに再現していると評判になった。

ケイシーはそもそも、子供向けに乱暴で非現実的なゲームを制作しようとは考えていなかった。イップ社の製品はスポーツに的を絞り、いつも現実的で新鮮でなければならないと考えたのだ。その結果、彼の会社は、自分を本格的なアスリートであると思っている成人や10代後半の若者の間で強く支持されるようになった。

だが、自ら築き上げたブランドよりもケイシーが誇りに思っていたのは、200人近い社員を雇用していることだった。そのほとんどが会社とともに成長してきた。それに、オールドモントレーの美しく改装された歴史的建造物を本社として利用していることも自慢だった。

イップ社は地元の花形企業へと成長し、この地域の非工業企業では最も多くの専門職を提供するようになった（有名な水族館は別として）。ケイシーは自分のアイデアを、故郷の誰にでも愛されるニッチ企業として現実のものにすることによって、業界で非の打ち所のない成功物語に変えたのである。

ところが、他の多くの成功物語と同じく、イップ社とそのCEOには単なる成功者とは違う一面があった。それは誰の目にも明らかだったが、不可解でもあった。

凡庸

このリーダーにもっと集中力と厳格さがあったら、イップ・ソフトウエアは今の2倍の規模になっていたかもしれない。多くの人がケイシーを応援していたが、熱心な支持者でさえ、内心ではそう思っていた。

ケイシーにビジネスの能力がないとか、強い興味を持っていないということではなかった。実際に彼には、競合他社が気づかないうちに顧客が何を求めているかを感じ取り、そのニーズを満たすために商品を微調整する能力がある。その結果、ケイシーは市場を理解することにかけては、業界のどんなアナリストやジャーナリストや経営者たちより優れていると評価されるようになっていた。

理論的に考えれば、それは会社の業績に現れてしかるべきだ。イップ社が利益を出さなかったことはなく、製品は数々の賞に輝いている。ケイシーと彼の会社は、強い信念を持つ確固たる企業に見えた。

ところが実際は、そうではなかった。まずケイシーからして、ギリギリの勝利でも大差での勝利でも、満足度はまったく同じようだった。各四半期の終わりに帳尻が合い、毎週ゴルフができれば満足……というより幸せだった。

一方、社員たちもそれで満足していたし、喜んでもいた。彼らは、会社が何とか目標に到達し、給料を支払い、年度末には毎年そこそこの昇給と夏の大がかりなピクニックができるほどの余裕を残せればいいと思っていたのだ。会社の先行きを心配する者は誰ひとりとしていなかった。

だが、明らかに何かが欠けていた。カリフォルニア州モントレーのような美しい場所で、大人気の最先端ゲームを制作する会社にしては、社員に驚くほど熱意が見られなかったのだ。毎週の役員会議をほんの5分でものぞいてみれば、それがわかるはずだ。

反復

無気力、散漫、やる気がない。イップ社の会議に少しでも参加した訪問者は、共通してこう表現した。

幹部たちも、会議という毎週の恒例行事が退屈なことはよくわかっていた。それでも彼らは長い間、会議とは必要悪であると考えていた。どこの会社のどんな会議も同じぐらいひどいと思い込んでもいた。

彼らは問題の大きさを見くびっていた。社風が会議に反映されているとは夢にも思っていなかったのだ。

沈滞

積極的な競合他社と違って、イップの社員は残業や休日出勤をしなければいけないなどと考えることはなく、会社の外で仕事の話をすることもなかった。一般社員の間で競合他社の情報や業界のニュースが話題に上ることはほとんどなく、テレビや子供のサッカーや天候といったより身近な話題によって、どこかに追いやられていた。

展示会や業界の会議に出かけた社員は必ずと言っていいほど、顧客や販売業者のイップ製品に対する熱意と、自社社員の態度との落差に驚いて戻ってくる。

新入社員でさえ、社内の空気に熱意が感じられないことに驚いた。だが、彼らもすぐに、組織にはびこる凡庸さとでも言うべき空気に馴染んで、イップ社は自社製品の持つ潜在能力を十分に実現することはないという現実を受け入れてしまう。

しかし、こんな状態であっても、退職する者はめったにいなかった。リーダーはとてもいい人だし、他の会社のCEOたちと比べれば経営者としてましだったからだ。そもそも、他に行くところがあるだろうか？　観光産業が幅を利かせる沿岸部において、これほど恵まれた職場はなかったのだから。

野心家の社員ですら、他の場所で生活することなど考えようともせず、現状に甘んじるようになる。ケイシーが単独オーナーであるかぎり、何も変わらないと思われた。

だが、変わることもあるのだ。

転機 2

最初のドミノ

経営陣は、社員の士気がさほど低いとは思っていなかった。少なくとも気にするほどではない、というのが彼らの見解だった。

ところが、ケイシーが初の人事担当副社長としてミシェル・ハンナを雇い入れたことですべてが変わる。ミシェルは入社して何週間も経たないうちに、会社の実態を知ろうと社員の意識調査を行った。その結果、彼女がそれまでの職場では経験したことのないほど社員の士気が低いとわかり、さらに問題なのは、社員の誰もが「ビジネスにほとんど無関心に思える」ということだった。

ミシェルの報告は経営陣を目覚めさせ、少し不安にさせた。ともかく、すでに気づいていた問題がデータとして実際に示されたことによって、彼らの不安は増した。それまでは誰もこの問題を取り上げようとしなかったのに、誰もが突如としてあれこれ意見を述べるようになった。

懐疑的なマット・マケナは、それまで7年間、責任者として製品開発部門を率いてゲームの技術面の頭脳として働いていた。彼は、社員たちがいらだっているのは、会社が新製品や新機軸を絶え間なく追い求めているからではないか、と考えていた。

「みんな、しばらくはひとつのことにこだわって品質に重点を置きたいんじゃないかな」

そう訴えながら、そう思っていたのは実は社員ではなく、彼自身だった。

販売担当副社長のソフィア・ニコラスは、まったく違った見方をしていた。彼女はこれまでどおりの熱意を持って、経営陣が何度も聞かされた説得を繰り返した。

「私たちはずっと反対したきたけど、子供向けのファンタジーゲームや冒険ゲームに参入することを再検討すべきじゃないかしら。毎日外へ出て、それが一番急成長している市場だということを実感しているの」

ケイシーは頭を振って自分の考えを口にした。

「みんなが団結するための何かが必要だ。新たな目的や挑戦といった何かが」

うなずく者も何人かいて、ケイシーにも問題がだんだんとわかってきた。だが、CEO

を後押しする発言より先に、別の意見が出てしまった。

発言したのは、いつも無遠慮な言い方をする最高財務責任者（CFO）、ティム・カーターだった。その意見は、財政状況を気にかけたものだった。

「聞いてくれ。うちの製品はもう10年近く賞をとっていて、社員はそれをずっと見てきている。その利益は一体どこに行ったんだろうと思っているんじゃないか？」

これについては誰も何も言いたくなかった。そのとおりかもしれないが、ここ何年間は微妙な問題だったからだ。ケイシーにとっては特にそうだった。

マーケティングとスポーツ調査の責任者を務める明るいコナー・マイケルズがうなずくと、全員が彼のほうに顔を向けた。コナーはティムの気持ちもわかると言いながら、自分も「深くは考えてなかった」と冗談めかして言った。

どの意見にも共感する部分はあったが、特にコナーの発言を思い出して、ケイシーはその晩、眠れなかった。ケイシーにとって、金儲けが動機だったことは一度もない。彼が誇りにしていたのは、社員が住宅ローンを返済し、休暇には旅行を楽しみ、子供の教育費を支払い、慈善事業へ寄付したりする、その助けになっていることだった。

だから、社員が十分に報われていないのではないかという考えは受け入れがたかった。だが、イップ社の潜在能力が十分に実現されていないのだとしたら、それはすべて自分の責任である。それは否定できなかった。

誤診

ケイシーはこれまで、社員が現状に甘んじているのは、彼らには彼らの生活があるのだから仕方がないと思っていた。しかし、創業して以来初めて、自分は彼らをがっかりさせてきたのではないかと思った。

その懸念を振り払おうとしても、むしろ気になるばかり。少しでも仕事への熱意が少ないように見える社員に出会うと、ティムとコナーが言ったように、給料のせいではないかと考えてしまう。何かしなければ。

イップ社創立10周年の夜のことだ。キャナリー・ロウのレストランで祝賀会が開かれた。食事が終わると、ケイシーは社員のために乾杯した。そして、その後すぐに後悔するようなことを発表した。会社の株式を上場すると宣言したのだ。

ケイシーは今こそ社員に見合った給料を支払う頃合いだと考え、不安ながらも決断した。皮肉なことに、何かを始めると彼が発表すると、大抵、それを実現する方法が見つかるのだ。

蜃気楼

ケイシーとティムはすぐに、株式上場の準備のために銀行と打ち合わせをすることにした。ケイシーは、堅苦しい役員会や、それ以上に「証券業界」の移り気に身を任せるなど絶対にするものかと決めていた。だがこれからは、なんとしても忠実な社員に報いたい。「それに、自分には何か新しい挑戦が必要かもしれない」と自らに言って聞かせた。

それから数週間、気乗りしないまま手続きが進んだが、ケイシーは話がうますぎると疑いたくなるような機会に出くわした。そのまま疑っているべきだった。

それは、J・T・ハリソンからの電話だった。アメリカで第2位のゲームメーカー、プレイソフト社の事業開発責任者だ。本社をサンノゼに置くこの会社は、子供向けの昔ながらのゲームで成長したものの、スポーツ関連には弱かった。ターゲット顧客層が年を重ねるのに合わせて、「成長した子供」と呼ばれる購買者に訴えるカテゴリーに進出することが有益だと思えた。そこでイップ社の買収が浮上してきたのだ。

ハリソンのチームが行った初期調査により、わかったことがあった。イップ社の技術は優れているが、それに見合うほどの成果は上がっていない。これは、製品開発期間を2年とかけず、スポーツ関連市場にすばやく、しかも安上がりに進出するための絶好の買収対象になることを示していた。イップ社の業績を改善できれば、大成功する可能性があった。

ケイシーは、あの典型的なゲーム会社の一事業部になることは好まなかったが、最終的にイップ社をプレイソフト社に売却することを決心した。それには条件が3つあった。売却後も自分が会社を自主的に経営すること、経営陣には手をつけないこと、そして、イップの名前をスポーツに焦点を絞ったブランドとして維持することだった。

プレイソフト社のウェイド・ジャスティンCEOには、これらの条件を受け入れてもらいたいと思った。そうすれば、ケイシーは自分で築いた会社の経営権を維持しながら、社員に相応の金銭的利益を与える絶好の機会になるからだ。さらには、株式公開に伴うリスクとストレスも避けられる。J・T・ハリソンに条件を提示する日、ケイシーは妻に言った。

「こちらにはいいことずくめだ。でも、向こうは難色を示すだろうな」

だが意外なことに、プレイソフト社の経営陣は条件をすぐに受け入れた。ウェイド・ジャスティンは、スポーツゲーム市場には詳しくないので、すでに成功しているブランドに干渉するつもりはないとケイシーに保証した。ジャスティンはさらに、実際にプレイソフトの子会社のいくつかは自主性をほとんどそのまま維持し、独自のブランドとして成り立っているとも付け加えた。

そして、最初の申し出から数週間のうちに契約が成立した。ケイシーは多数のプレイソフト株を受け取った。その株は働いた年数に応じて、社員に割り当てられる。半年間保有した後は、売却することもできる。

だからこそ、社員からほとんど感謝されないなどとは、思ってもみなかったのだ。

警報

株式の取得から数週間、イップ社の社員は舞い上がっていた。日々の仕事は何も変化がなかったが、新たに手にした金融資産は社員のやる気に大きく影響した。長年勤めた社員の多くは新しい家や自動車の購入を考えた。そして、彼らが何よりも強く感じたのは、自分たちの辛抱がようやく実を結んだということだった。

だがそこで、これまでのすべてを一変させる事態が起きる。ケイシーは、その報せを聞いたときにどこで何をしていたかを決して忘れないだろう。その日の朝早く、不動産業者と電話で話していると、CFOのティム・カーターが部屋に入ってきた。ティムの様子があまりに苦しそうなので、ケイシーはすぐに電話を終えた。

「ドアを閉めて」

ケイシーはそう言うと、ティムが話し始めた。

「今朝はまだ、ネットの情報を見ていませんね?」

質問というよりは確認だった。というのも、ケイシーがインターネットを見ていれば、彼も苦しそうな顔をしているはずだからだ。

ケイシーは心の準備をした。

「まだ見てないが、何が起きた? またテロ攻撃でもあったか?」

「そういうことではありません、幸いにも」

ケイシーはほっと息をつく。

「脅かすなよ」

ティムが続ける。

「株式市場が開いて早々12パーセント以上も下げています」

「それが……」

ケイシーが言い終わる前に、ティムが答えた。

「プレイソフトは9ポイント近くの下げです」

「それなら、少なくとも市場全体よりは悪くないじゃないか」

「9ポイント、ト、ト、ですよ！」

ティムが念を押す。ケイシーもほとんど苦しげな顔になった。

「それはひどい……」

だがケイシーには、まだ事態が呑み込めていなかった。

2番目のドミノ

それから3週にわたって、株式市場もプレイソフトの株価も下がり続けた。社内はこれまでにないほど沈んだ空気に包まれた。ケイシーは、自分の会社を売却したことに対する失望と、プレイソフト社の経営陣がビジネスにしくじったことへの怒りという2つの感情の間を揺れ動いていた。だが、彼は公正な人間だった。市場の崩壊は誰にも見通せないし、誰も責められないとわかっていた。社員たちも同じように考えてくれるといいのだが。

しばらくすると、J・T・ハリソンから電話がかかってきた。結果的に軽率な取引を仲立ちした男だ。ケイシーは、彼からなんらかの弁明の言葉を期待していた。ケイシー自身は寛大になって、予期せぬ事態について、彼を責めることはないと言うつもりだった。

それなのに、彼が冷淡とも言える話しぶりで平然とこう言ってきたことに驚いた。

「まったく株式市場はひどいものだ。剣をとるものは剣で滅びる、だね。いずれにしても、来週、会いたいのだけど」

　買収の成立後、ふたりが直接話すのはこれが初めてだ。ケイシーはJ・Tが何のために来るのかを知りたかった。

「どうかしましたか？」

「別に。次の役員会議を少しのぞければと思って。どんな様子か、もう少し知りたいんだ」

　不意を突かれたものの、ケイシーはそれを悟られないようにした。

「わかりました、お望みとあれば。特に面白いことはないと思いますが。まずはふたりで会って、お知りになりたいことを話し合うのはどうでしょう？」

　J・Tはそんなケイシーの戸惑いに気づかないふりをした。

「会議に顔を出したいんだ。もしよければ」

　丁寧な口ぶりではあったが、許可を求めているのではなかった。

「わかりました。会議は月曜日の朝10時から。終わるのは……」

「あ、別の電話が……。では、来週」

　電話が切れたとき、ケイシーは自分の世界が崩壊し始めるかすかな音を初めて聞いた。

侵略

月曜日、ケイシーは不安を感じながら出社した。J・T・ハリソンがやってくるからだ。だから、10時の10分前に会社に着いて、その客が自分の部屋で待っているところを見た途端、気が滅入った。

J・Tは窓の外に見える海岸を眺めていた。

「美しいところだね」

ケイシーは異世界からの侵入者を迎えたような気がしたが、丁寧に対応した。

「もっと頻繁に来られてはいかがでしょう？　いい気晴らしになりますよ」

なかなかうまい言い方をしたと思った。丁重すぎたかもしれない。

「時間があればね」

互いの忙しさについて中身のない会話を交わしているうちに、10時になった。会議の時間だ。

ところが、会議室に集まっているのは半数だった。特別な客がいるので、ケイシーは少しナーバスになっていた。それでも、5分もすればメンバーが揃った。チームの2人、マットとミシェルは他の仕事のために欠席だった。

ケイシーはいつものように、全員が前回の議事録を受け取っていることを確認し、今回の会議への議題提案が何もないことに対して、おどけた口調で不平を漏らした。それから、自分でまとめた経費方針、戦略的プラン、管理者教育、株価動向、競合状況の5つの項目からなる議題リストを配布した。

最初の議題を取り上げ、「経費に関しては、2つの問題について話し合う必要がある」と言ってから、「じゃあ、ティム」とCFOを指名する。

「まずは、可変費用を抑えることです。それから、もっと早く経費報告書を提出すること。あとは、書式をプレイソフト社と同じように変える必要もある」

親会社に気を遣ったティムは、客のほうに目をやった。

それから1時間にわたり、経費報告、経費方針、経費の管理について辛抱強く、冷静に話し合った。ところがJ・Tはまったく興味がなさそうで、ケイシーはなんとなくホッとした。

やがて議論が低調になった。ケイシーは、「では、経費の話はこれくらいにして……」と議題リストに目をやり、「戦略的プランについて話そう」と提案した。

ようやくJ・Tはやる気になった。

「コナー、計画の進捗状況について話してくれないか？」

会議ではケイシーは、できるだけ全員が積極的に参加することを望んでいた。

コナーは、業界のデータ収集と予備調査に関する現状を10分で説明してから、効果音入りのカラースライドで、翌年の戦略プラン作成のスケジュールを提示した。

それからソフィアが、コナーとケイシーに向かって、プランの全体的な方向性、あるいは「議論すべき重要な問題」を教えてほしいと言った。

そこから40分に及んで、競合他社からのプレッシャーと市場動向に関する議論が始まった。それはたしかに、それまでの議題よりは興味深かった。ケイシーとそのチームは、直面する問題を把握しているようではある。だが、何かが欠けている、とJ・Tは思った。それは情熱であり、緊張感だった。

(彼らは自社の将来というより、他社の事例を議論しているようだ)

2時間の会議が残り10分になったところで、ケイシーは議論を切り上げた。

「では、戦略プランについてはこれから数カ月、じっくり検討することにしよう。今日は他にも話し合わなければならない問題があるんだ」

ケイシーがリストに目をやると、ソフィアが口を挟んだ。

「私からも話したいことがあるんです。次の四半期に雑誌広告を増やしたくて……」

ケイシーが反応する前にコナーが答える。

「それは、先週決定したんじゃないか」

「そうですが、正直、納得できていないんです。部内で話したところ、クリスマスに向けて弾みをつけるためには、業界誌の広告を少し増やす必要があるとの意見が出ました」

ケイシーはため息をついてティムに尋ねた。

「次の四半期の予算をいじって経費をどうにかできるのかな？」

「それはこれから調べる。でも、本当にその必要があるかははっきりさせないと。11月になってから予算不足にならないように」

ティムが答えると、ケイシーもそれには同意した。

「他社も、今度のクリスマスにはいろいろ仕掛けてくるだろうから、早めの出費は控えたいな」

コナーが口を出した。いらだってはいるものの、それは販売担当者に対してではないようだ。

「それはもっともですが、ソフィアの言っていることもわかりますよ。競合他社よりも先に弾みをつけられれば、クリスマスに向けて意味のある出費になるんじゃないでしょうか。他社の広告もかすむでしょうし。ただし、ひと月前、いや、せめて先週、思いつくべきでした」

J・Tはイップ社のことをほとんど知らなかったが、この議論が2時間で唯一の活発なやりとりだと感じた。だが残念なことに、会議はもう終わる。

ケイシーが割って入る。

「わかった。あと5分しかないが、まだ管理者教育と株価報告、競合分析が残っている。ティム、株価状況について30秒でまとめてくれ」

「了解。基本的に役員の我々は株を売ることはできない……すぐに売りたいわけではないけれど……プレイソフトの決算がまとまり、結果が報告されるまでは無理だ。そして、これは会社の実際の収益を知っている社員すべてにも当てはまる。だから、インサイダーの疑いのある部下がいたら教えてほしい。ここで間違うとどうなるかは、話すまでもないだろう。目下のところ、証券取引委員会は大目に見てくれそうもないのでね」

誰もがティムに質問がありそうだったが、会議が終わる直前にわざわざ尋ねる者はいなかった。

ケイシーは、みんなが時間どおりに会議を終わらせたがっているのを察しながらも続けた。

「今日、ミシェルは出席できなかったけど、管理者教育を10月の第1週に予定していると伝えてほしいそうだ。部下がいるか、マネジャーの肩書きを持つ者は全員、丸３日間のこのセミナーに参加することになっている」

ここでも、質問や反論があるはずだが、誰も口にはしなかった。残り2分半。

そして最後にケイシーが言う。

「よし、競合状況はどうなっている？　コナー、ソフィア」

マーケティングと販売のそれぞれの責任者が「どこから始めればいいの？」とでも言うように顔を見合わせるなか、ソフィアが話し始めた。

「ゴーボックスとゲームスターが年内に新しいゴルフゲームを発売すると聞きました」

コナーも続けた。

「彼らはこの市場に進出し、イップ社を時代遅れでつまらない会社だと思わせ、タイガー・ウッズでゴルフに興味を持った子供たちを取り込むつもりです」

「我々が打つ手は？」

ティムが尋ねたが、ケイシーが時計に目をやって言った。

「それは次回に話そう。もうお昼だし。ソフィアと私は、14時にウォルマートと電話で打ち合わせする予定があるから」

ソフィアがうなずいた。こんな具合に会議は終わった。出席者たちは、休み時間を待ちわびていた小学生のように散らばっていった。

その様子を、J・Tは驚きの目で見ていた。

解釈

J・Tは、たった今自分が目にしたことを、はっきりとは理解できなかったが、いくつか気づいたことがあった。

ひとつには、この優秀なはずの経営幹部たちが、2時間もの退屈でつまらない話し合いを我慢できることだ。時には興味深い話題になりかけるのだが、すぐ話がそれてしまう。それなのに、その間いらいらしている様子がないのだ。

だが、そのどうしようもない会議を何とかすることを、イップ社の経営陣はとっくの昔に放棄している。重要なことについての議論も決定も、ケイシーの部屋で1人か2人の幹部と話し合うだけだった。

ケイシーの希有な直感と判断力が発揮されるのは、残念ながら、そういう場面だけだった。

つまり、会議は形式的でケイシーの能力はまったく発揮されず、むしろ苦痛でとりとめがなかった。経費方針、マーケティング戦略、オフィスの備品、休暇の取り方、技術の動向、設備状況……会議では何でも議論されたが、ケイシーが自分の部屋で決断しないかぎり、最終的に何かが決まることはなかった。

そして会議は、予定時間を超えることなく終了した。話し合うべき議題がいくら残っていても、ケイシーは12時ちょうどに会議を終わらせ、それに文句を言う者もいない。会議が延びて幹部たちが不満をこぼすところを何年も見てきた彼は、そのことを特別に自慢にしていた。

会議時間は厳守されたが、毎週の定例会議を欠席する理由は何でもありだった。6人の幹部は冗談でこの会議を「スタッフ感染」(訳注：staffと同じ発音のstaph＝ブドウ球菌にかけたしゃれ)と呼んでいたが、そこに6人全員が終始揃うことは、めったになかった。

しかし、ケイシーの会社に与える影響という点で、このような会議の問題は冗談ではすまなかった。イップ社の社員の士気を下げ、組織全体に無秩序と無関心、やがては無気力を広げる元凶は、会議と言える。結局はすべての問題が会議で議論され、毎週定例の儀式が終わる頃には幹部たちのエネルギーも気力も枯渇してしまうのだった。

ケイシーと経営陣が、この会議がもたらす危険を見逃していたことは間違いない。しかも彼らは、J・T・ハリソンが何を目論んでいるか、まだ何も知らなかった。

J・T

遠慮なく、無愛想で、時には冷淡でもあるJ・T・ハリソンは、疲れ切ることも何かに苦労することもなさそうだった。彼は、たった7年でマーケティングマネジャーから事業開発担当の副社長という現在の地位へと上り詰めた。ということは、J・Tが行ってきたさまざまな職責のなかには交渉事も含まれていたということだ。

彼は、M&Aを処理する能力を示すことで、多少はうさん臭いと思われながらも、業界内では伝説的な存在だった。

プレイソフト社の競争相手は、会社を代表して訴訟や交渉にあたることの多いこの男を恐れていた。彼の部下は深夜でも休日でも働き、しかも彼らが不満を口にするのを誰も聞いたことがなかった。何より、部下は口を揃えてJ・Tを好きだと言う。だが、社外では、将来自分の上司になるかもしれない人間の悪口を言うことを怖がっているにすぎないと思われていた。

名前こそよく知られているが、プレイソフトの社内外で、J・T・ハリソン自身についてよく知っている者はほとんどいなかった。本人にとってはそれで問題なかった。その名声さえあれば、外部のしかるべき人間は彼を恐れ、内部のしかるべき人間は彼の思うとおりに動くのだ。

やがてケイシーは、望んでいた以上に彼のことを知るようになる。

最初の一撃

その電話は翌週後半にかかってきた。J・Tからならまだよかったが、それは彼の部下の若いMBA取得者からだった。

「もしもし、マクダニエルさん、プレイソフト社事業開発部のトニーです。J・T・ハリソンに代わってお電話しています。これから3カ月の一連の会議といいますか、セッションを設定したいのですが」

ケイシーは思わず聞いた。

「……すみません、どちらさまですか？」

〝MBA〟はうろたえずに答えた。

「プレイソフト社のトニーです。J・T・ハリソンの部下です。事業……」

ケイシーは、いつもならありえないが、相手の話をさえぎった。

「で、どんなご用件でしょう？」

「詳しいことは本人から聞いてほしいのですが、J・Tは9月15日まで、御社の会議に何回か顔を出すつもりです。それをあなたにお伝えするよう言われました。あらかじめ連絡をするとは思いますが、突然うかがうこともあるかもしれません」

気まずい沈黙がしばらく続いた後で、ケイシーは何とか平静を努めて口を開いた。

「何のために？」

そう言ってから、トニーが答える前に続ける。

「J・Tと直接話したいので、悪いけれど、トム……」

「トニーです」

「そうだった、トニー。直接J・Tと話したいんだ。いつでもいいから電話をもらえるように伝えてくれないか？」

「わかりました、マクダニエルさん」

「ケイシーと呼んでくれ」

「はい。モントレーに行く機会があったら、お会いできるのを楽しみにしています」

ケイシーは、電話の向こう側にいるトニーとやらの首を絞めたい気分だったが、本当に絞めるべきはJ・Tだとわかっていた。そこで、心にもなくこう言った。

「それはいいね。ありがとう、トニー」

ケイシーは電話を切った。今日は他にどんな厄介なことが起こるんだろう？

5分後にアシスタントのジア・ベリーが部屋に入ってきて、それが何かわかった。

さらなる打撃

「妊娠したんです！」

8年仕えた上司に、彼女は嬉しそうにそう告げた。

ケイシーは立ち上がり、ジアをハグした。職場ではめったにしないことだ。J・T・ハリソンとの一件でそれどころではなかったのだが、自分も嬉しいと伝えなければ。なにせこの5年間、子供を作ろうと頑張ってきたジアたち夫婦のために、彼もパトリシアも祈ってきたのだ。嬉しくないわけがなかった。

そのジアはすでに妊娠4カ月なのだという。彼女は、赤ちゃんたちを流産するのが心配で黙っていたと説明した。

「赤ちゃんたち？」

「双子なんです！　これまで妊娠しにくかったので、それを考えると流産のリスクが高いと医師に言われていて……」

ジアは一瞬ためらってから、さらに衝撃的なことを言った。

「あと2週間でお休みをとらせていただきます。おそらく1カ月はベッドの上で絶対安静の状態になります」

ボスの機嫌が悪くならないことを祈りながら、ジアは心配そうな顔になっていた。

その瞬間、我に返ったケイシーは、ジアを安心させるように喜んでみせた。だがその夜、ジアの話を聞いて最初に頭に浮かんだのは「彼女の代わりをどうするか？」だった、と妻に打ち明けた。

とはいえ、ジアが抜群に有能で、先が読めて、社内の誰よりもビジネスをわかっていたというわけではなかった。実際には、もっと仕事に熱意があって、気の利いたアシスタントが欲しい、と考えたこともあった。だがジアは忠誠心があり、感じがよく、何よりケイシーの生活のなかで揺るぎない存在になっていた。今はとにかく、揺るぎないものがほしかった。

「当分はアシスタントなしでもやっていけるだろう」

ケイシーはパトリシアにそう言った。すると、妻は皮肉っぽく返した。

「ええ、それもいいかもね。事務作業を自分でやるとか。J・T・ハリソンに電話して、あなたの仕事をお任せしてみる？　ケイシー、しっかりして。彼女の代わりを探さないと」

パトリシアの言うとおりだ。

「明日、ジアから人材派遣会社に電話させて、来週には面接できるようにしてもらおう」

パトリシアは黙っていたが、ケイシーには彼女が何か別のことを思いついたとわかった。

彼女はいつも機転が利くので、話の先を促した。

「何を考えているんだい？」

「違うタイプのアシスタントを採用してみたらどうかしら？　別のやり方で貢献してくれるような。ジアと同じことはするけど、もっと熱意のある人。あなたも、今までとは違った見方ができるかもしれないわ」

ケイシーは少し考えた。だが、返事をする前に、幼い娘が隣の部屋から彼を呼ぶ声がした。娘に水を持って行くために、妻との話は中途半端に終わったが、彼女のアイデアは頭から離れなかった。

偶然

2日後、ケイシーはケン・ピーターセンからメールを受け取った。ケンは家族ぐるみで付き合っているゴルフのコーチだが、何年か前に丘の向こうのベイエリアに引っ越してきて、今は高校のバスケットボールのコーチをしている。ケイシーの父親が亡くなったときに、父親のように接してくれたのがきっかけで、親しく付き合うようになった。

ケンは、妻のキャスリンとゴルフをしにモントレーに行くついでに、ケイシーとパトリシアを夕食に誘いたいとメールしてきた。ケイシーは断ろうと思った。イップとプレイソフト、株価やJ・T・ハリソンといった、みっともない話をしたくなかったからだ。ところが、妻から電話がかかってきた。

「今、キャスリンと話していたの。明日の夜、ケンたちをあの新しいメキシコ料理店に連れていってみない？」

パトリシアもケンとキャスリンが大好きなので、ケイシーはこの夕食から逃げるのは難しいと悟った。今のような状態で古くからの友人には会いたくないと言ってみたものの、妻は聞く耳を持たなかった。

「しっかりしてよ。こんなときこそ古くからの友達に会うべきだと思うわ。気晴らしにもなるし」

ケイシーは仕方なく了解したが、パトリシアの助言がどれほど価値のあるものかは、まだわかっていなかった。

紹介

ピーターセン夫妻との夕食は、まさにケイシーが必要としていたものだった。仕事以外の話でリラックスでき、人生全体を広い視野で見ることもできたからだ。デザートが出てくるまでは。

というのも、デザートを食べながら、キャスリンが会社のことを聞いてきたのだ。彼女を責めることはできない。何しろ彼女は、15年も勤め、最終的には経営者にまでなったベイエリア唯一の自動車関連企業を最近引退したばかりなのだ。キャスリンは次のキャリアを探しているところで、自宅で暇を持て余していた。キャサリンがイップ社に興味を示すのは、ケイシーのことを心から心配しているのと同時に、知的好奇心を満たしたかったからでもある。ケイシーはそれに応えた。

彼はすべてをさらけ出した。会社をプレイソフト社に売却した理由を説明し、株価とともに士気も下がったことや、名前は伏せたが親会社の幹部についての懸念までも打ち明けた。

キャスリンはいかにも忠告めいたことは言わなかった。ただ、社員に対する罪悪感は忘れるように、と言った。

「大丈夫よ。社員はよく頑張ってきたし、あなたも社員に素晴らしい姿勢を見せてきたんでしょ。謝ることなんて何もない。みんな大人なんだし、ビジネスがどういうものかわかっているはず」

ケイシーは、キャスリンの言ってくれたことがとてもありがたかった。

それからキャスリンは、プレイソフト社にまつわる話をしてケイシーを驚かせた。

「昔の知り合いがあの会社と取引したことがあるの。彼の会社が何かの技術を売却したみたい。その知り合いとはもう連絡をとっていないから、その後どうなったかは知らないけど。でも彼が、J・R・何とかっていう男の首を絞めてやりたいと言っていたのはよく覚えているわ」

「J・T・ハリソン」

「そうそう、J・T・ハリソン」

キャスリンは、自分が話題にあげた人物が誰かケイシーがすぐわかったことに驚いた。

「そう、その人。嫌な男みたいね。彼を知っているの？」

ケイシーは苦々しげにうなずき、それが先ほど話に出た親会社の幹部だと言った。

パトリシアは、夫がまたその話で落ち込むことを心配して、急いで話題を変えた。

「ねえ、誰か優秀なアシスタントを知らない？　臨時の仕事を探している人で。ケイシーのアシスタントのジアが双子を妊娠中で、来年まで戻ってこないの」

キャスリンは、夫のほうを向き、冗談めかして言った。

「その仕事、私にやらせてくれない？　お願い。すごく面白そう」

キャスリンはすでに引退生活にうんざりしているようだ。ケイシーはふざけて文句を言った。

「それはすごいことになりそうだ。２週間もすれば、僕の仕事を取られちゃうよ」

するとケンが、いいことを思いついたようだ。

「ほら、その仕事にうってつけの人物がいるじゃないか。ウィルだよ」

パトリシアが思わず「おたくの坊やのこと？」と尋ねると、キャスリンが笑った。

「うちの子、もう27歳になるのよ」

ケンが話を続ける。

「ウィルは大学院を終えて、ちょうど今後のことを考え始めている。でも、多少はお金も必要だから、お互いにいいんじゃないかな」

ケイシーは意見を求めるようにキャスリンに視線を向けた。彼女は不意を突かれて、考えをまとめようとしているようだった。

「どうかしらね。たしかにウィルはビジネスの基本はわかっている。私がビジネススクールの夜学で勉強したときには、実際一緒に通ってたたし。毎晩夕食を食べながら、私が仕事の話をするのも聞いていたわね」

するとケンが言った。

「キャスリンは言いづらいんだろうけど、ウィルは優秀だよ。とてもよく働くし」

「優秀って、具体的には？」

ケイシーが知りたがったので、ケンは喜んで息子の自慢をした。

「たとえば大学院では、分析力については成績がずば抜けていた」

「でも、それだけじゃないわ。何かを理解したり説明したりする仕方が、人とはちょっと違うの。どんなにごちゃごちゃしたことの中にも秩序を見いだせるみたい。親譲りだと言いたいところだけれど、正直どうしてそうなったかはわからないわ」

キャスリンの話を再びケンが続ける。

「子供の頃からそうだった。5歳のときにガレージの模様替えをしたんだ。中学生のときは、私のバスケチームのために新しいオフェンスを考案した。今でも有効な方法だよ」

ケイシーは興味津々だった。

「何を専攻していたんだい？」

「大学では心理学とビジネスを専攻して、広告をちょっとかじって、それから心理療法を勉強することにしたの。大学院では映画とテレビ。博士課程に入って1年、とても順調……」

キャスリンが答えていると、ケンが割って入った。

「急に、ハリウッドの映画監督になろうと決めてね。それで、南カリフォルニア大学に進んで映画の修士号を取得したんだ」

そう言って、ふざけてぐるりと目を回した。息子が気まぐれに進路を変えることや、いつまでも勉強を続けることに呆れている、とでも言いたげに。

「今は、ビジネスかクリエイティブな仕事の、どちらに関心があるのかわからないが、結局は、何か制作の仕事に落ち着くと思う。メディアとテクノロジーが本当に好きみたいだから」

ケイシーは面白いと思った。キャスリンがさらに言う。

「とにかく、お金がないし、ハリウッドに飛び込む前に何か経験が必要だと思うの。本人もきっとやりたがるわ」

話が予想外の方向に行ったので、パトリシアが質問した。

「それで、どうするの?」

それは夫だけでなく、キャスリンとケンにも向けられていた。キャスリンは肩をすくめ、笑いながら言った。

「たしかに、少し高学歴すぎるかも。でも、今の状況を考えれば、しばらくは喜んで働くかもしれない。うまくいけば、臨時アシスタントとしては最高の人材になるわよ」

ケンもうなずき、パトリシアが話をまとめた。

「じゃあ決まりね。ジアが戻ってきたとき、ウィルなら後ろめたく思わずに辞めてもらえるしね」

ケイシーは妻の言葉にほほえみ、旧友に言った。

「ウィルに来週中に電話するよう言ってくれないか。興味があれば、の話だけど。ないかもしれないし」

全員が納得した。ケイシーは、ウィルから電話はかかってこないだろうと思っていた。だが、予想は外れた。

主役

3

ウィル

月曜日、ケイシーが出社すると、ジアからのメモがあった。

「ウィル・ピーターセンから電話。本日、午後3時に面接を設定」

ケイシーはすぐにジアのデスクに行き、ウィルの履歴書を見せるように言った。

「もうすぐメールで送ってくるはずです。届いたらすぐにコピーをお渡しします」

ケイシーは礼を言って戻ろうとして、ふと思いついた。

「ウィルには何年も会っていないんだが、どうだった？」

「電話での印象ですか？」

ケイシーがうなずく。

「よかったです。本当に、すごくよかったです。お会いできるのが楽しみ」

ケイシーはその日一日、ソフィアとコナー、その部下たちと会議室にこもって、ポジショニングとブランド戦略について話し合っていた。気が付くと、ジアが履歴書を手に持ってドアの前に立っている。

ケイシーは会議を抜け出して、ジアと一緒に、ウィルが待つ部屋に向かった。歩きながら履歴書に目を通す。

「彼について何か知っておくべきことはある？」

「いいえ。でも、あまりアシスタント〝らしく〟は見えませんが……」

「それはどういう意味で？」

ジアが説明する間もなく、ウィル・ピーターセンが待つ部屋に到着し、話はそのままになった。

見たところ、ウィルに特に目立つところはなかった。背は高くも低くもない。太ってはいないが、だからといってすごく痩せているわけでもない。髪の色は明るいが、ブロンドとまではいかない。脱獄したり罪を犯したりすれば、警察がマスコミへの説明に苦労するような外見だ。

しかし、話をした途端に、ありふれた人という印象は消えてしまう。ウィルの父親の言葉を借りるとすれば、彼は「世界で最も嫌味なく自信に満ちあふれている子供」だった。ウィルと話をしたことがある人なら誰もが、彼には人を強烈に惹きつける何かがあると言うだろう。

「こんにちは、マクダニエルさん。今日はお時間をいただき、ありがとうございます」

ケイシーは握手をした瞬間、ウィルを採用することになると感じた。

「よそよそしいじゃないか、ウィル。ケイシーでいい。また会えて嬉しいよ。君が高校でバスケをやっているのを見てから、もう10年になるかな」

ウィルは少し照れたようだ。

「そうですね、パワーフォワードで180センチ以下なのは僕だけでした」

「なのに君は、体育館の中の誰よりも多くリバウンドをものにしていた。僕の記憶が正しければね。お父さんは、君ほど頑張る子はいないと言っていたよ」

「まあ、元々の才能がなかったから……」

ケイシーは、ウィルの謙遜には取り合わなかった。

「君はお父さんによく似ている。お父さんは私たちがどうやって友人になったか、何か言っていたかい？」

「あなたが大変だったときに手助けした、とだけ。それから、世界で一番好きな人だと」

ケイシーは少し恥ずかしくなった。

「父がめったにそんなことを言わない人だということはご存じですよね」

おだてられて照れくさくなったケイシーは話題を変えた。親しげな雰囲気はそのままで、話の調子を急に面接らしくした。

「それでウィル、今はどんなことをしているのかな？　それから、君を雇うべき理由を教えてくれないか」

「両親はどこまでお話ししていますか？」

「それほど聞いていないよ。南カリフォルニア大学で映画とテレビについて勉強した、ビジネスも多少知っている、ということくらいかな」

ウィルは、ケイシーの返事に少し安心した様子で、すぐに話し始めた。

「そうです。南カリフォルニア大学で映像メディア学の修士号を取ったんですが、今は制作とビジネスのどちらをやるか決めかねています。メディアの勉強をする前は大学院で1年間、心理学を学びました。その前は3年間、広告代理店で働きました。テレビやラジオの雑用からクライアント向けの制作部門の業務まで、何でもやりましたね」

「何回か昇進したようだね」

ウィルはうなずき、すぐに話題を最初の質問に戻した。

「僕を雇うべき理由については、僕にもよくわかりません。広告代理店で働き始めた最初の2～3カ月、管理業務をやったことはあります。時給500ドルのコンサルタントよりもましなアドバイスをするとは言われました」

ケイシーもウィルも笑った。

「まず、君の資格については何の問題もない。ありすぎるくらいだ。でもそれが問題だ。本当にこの仕事をやりたいのかな？」

ウィルは笑顔を見せた。

「たしかに天職ではないでしょう。そういう意味でのお尋ねでしたら。でも、4年も大学院に通った後には休みも必要です。それに、カーメルにいる友人と一緒に住んで、少し働いて、ゴルフでも楽しみ、体を鍛えて、執筆もする……そういうことができると考えたら、なかなかいいんじゃないかと思います」

面白いやつだ、とケイシーは思った。

「それはたしかによさそうだ。君に代わって僕がやりたいぐらいだ」

ふたりはまた一緒に笑った。

「でも言っておくが、これから2～3カ月は少々忙しくなる。今すぐゴルフや執筆をする時間は取れないだろう。経営統合を進めているところでね。プレイソフト社の買収のことは知っているね？」

「ええ。少なくとも株価に関しては。それから厳しい状況が続いていることも」

ウィルはケイシーが気分を害さないことを願ったが、ケイシーはほんの一瞬、嫌な顔を見せた。

「そう。だから今が肝心だ。新製品の発売だけでなく、既存製品でもっと収益を上げる方法も見つけなければならない。会社が一丸となる必要があることは言うまでもない」

すっかり緊張が解けたと感じたウィルは、もう少しケイシーに尋ねてみたいと思った。

「〝一丸となる〟とは、どういう意味ですか？」

「そうだね」と窓の外に目をやってから、ケイシーは答えた。

「私たちの会社は、不本意ながら、プレイソフト社に細かく調べられるだろう。しばらくは経費を注意深くチェックされると思う」

ウィルは話をそらされた気がしたが、そのままにした。

「それで、僕は何をすればいいんでしょう？」

ケイシーはそのことについてまだ考えていなかった。

「まずは、ジアが戻るまで事務作業が滞らなければ上出来だろう。それから、型にはまらない君の経歴からして、通常の管理業務以外にも遠慮なく挑戦してほしい」

ウィルは2つの理由から、この面接のことをいつも思い出す。ひとつは、ケイシーが最後に言ったことが、その後すぐに自分の運命に関わってくるとは思ってもいなかったからだ。もうひとつは、新しいボスには話さないでおこうと決めたことが、次の数カ月を予想以上に面白いものにしてくれたからだ。

障害

14歳になるまで、ウィルは難しい子供だった。普段は感受性豊かで、優しい性格に見えるのに、教師やコーチ、他の子供たちといつも問題を起こした。原因のほとんどは、特に複雑な状況で唐突に発せられるウィルの不適切な発言や遠慮のないコメントのせいだった。

両親や兄たち、親しい友人たちは、ウィルのそうした言動を受け入れたが、彼自身は悩んでいた。なにせ成績は悪く、女の子にもてないし、何かにつけて殴り合いの喧嘩になるのだ。

ある日、ウィルは高校の教師から、放課後に彼の自宅に来て妻に会わないかと聞かれた。彼の妻は精神科医だった。1時間もすると彼女は、ウィルが何らかの精神疾患を抱えていると診断した。彼女が言うには、ウィルは社交的なため、彼女の前では夫が言うような行動を見せていない。そのため明らかな症状を確認したわけではないが、軽い強迫神経症かトゥレット症候群のどちらか、あるいは両方を患っていると考えた。

幸運なことに、ウィルの症状は自分では何もできないほど重症ではなかった。しかし、不幸なことに、その症状の軽さから子供の頃に早期診断がされなかったのだ。ウィルは、その教師にずっと感謝するだろう。自分の妻の仕事をきちんと理解していたからこそ、ウィルが単なる不愉快な子供ではなく、医学的な問題を抱えていると察してくれたのだ。

似たような障害に悩む人と同じように、ウィルは自分の言動の不適切さに気が付いていたが、自分を抑えることがまったくできなかった。しかし彼は、症状が現れない特定の状況があることを見つけた。スポーツに没頭しているとき、映画に夢中になっているとき、そして、授業中にノートを取ることで気を紛らわせているときだ。だから、しょっちゅうバスケをして、手当たり次第に映画を観て、大量のノートを取った。

息子を診察した精神科医から電話を受けたとき、ウィルの両親は心の底から安堵した。それには2つの理由があった。まず、息子の苦しみの原因が短気な性格のせいではないと突き止めたられたからだ。次に、これはもっと重要な理由だが、効果的な治療法があるとわかったからだ。最初の診断から数日のうちに、ウィルは薬を飲み始め、セラピストに会うようになった。ほんの数週間のうちに、生まれ持った性格はそのままに、彼の行動に変化が見え始めた。

成績、友人関係、運動能力だけでなく、デートの可能性さえも劇的に改善した。高校を卒業する頃には、将来最も有望な学生のひとりで、品行方正な魅力ある人物と言われるまでになっていた。その評価は大学でも、広告代理店でも、2回の大学院生活でも変わらなかった。その間、ウィルは決して薬を飲み忘れることはなかった。

しかし、メンタルヘルスのために薬に頼る人の多くがそうであるように、ウィルは自分の力で障害と闘うときが来たと考えた。それには、学校を出てから働き始めるまでの2～3カ月が最適だった。

そこで、ケイシーとの面接の3週間前に、ウィルは処方箋をもらうのをやめた。2～3週間もすれば、頭の中の化学物質が少なくなった影響を感じ始めるだろう。

花火

ウィルの最初の出社は、7月2日の木曜日だった。この日のほとんどは、3連休を前に顔を出したわずかな数の社員に会い、新しいボス宛てのメールや留守番電話の確認方法を学んだだけだった。難しい業務ではないとわかってはいるが、少なくとも面白くはあってほしいと願っていた。少し休めることを期待しつつも、退屈さは我慢できないこともわかっていた。

事実上の出社初日である月曜日には、退屈する心配はなくなっていた。新しいボスの部屋のすぐ近くにあるデスクに行き、ボスの部屋をのぞくと、ケイシーがパソコン画面を見つめながらメールを読んでいるのが肩越しに見えた。ウィルは、この見るからに呆然としたケイシーの姿が普通なのかどうかわからず、ややためらってから、少しだけ開いているドアをノックした。

「おはようございます」

ケイシーからの反応はなかった。きまりが悪くなったウィルは自分のデスクに戻ってパソコンの電源を入れた。起動するのを待ちながら留守番電話を確認する。緊急の用件は何もない。ケイシーの受信ボックスにあるメールをちらっと見る。53通。目を通そうかとも考えたが、もっと大事なことを先にすべきだと思い直した。

大半の新入社員は、声をかけられるまではボスの部屋を避けるものだが、ウィルはその大半の人間には入っていなかった。もう一度、どうなっているか見に戻ったのだ。ケイシーはもうパソコンを見てはいなかったが、深くうなだれて、頭がデスクに触れそうだった。

ウィルはボスの部屋に足を踏み入れた。

「大丈夫ですか？」

今度も返事がない。さすがに不快になった。これが、父が世界一好きな人なのか？

ケイシーはゆっくりと頭を上げてウィルのほうを向き、彼を値踏みするかのように、わずかに目を細めて見つめ返した。実際は、彼は新しいアシスタントに何を話すべきかを考えていたのだ。

他に話せる人がいるだろうか？　もちろん、夜になればパトリシアに話すことはできるだろう。でも、4人目の子供ができてからというもの、彼女には仕事の相談に乗る時間も余力もない。こうして、彼女はケイシーの仕事のことに関しては、遠ざかりつつあった。ケイシーは今、職場の誰かと話す必要があった。

だからといって、社員たちに打ち明けるわけにはいかなかった。こんなことはとても無理だ。彼はこれまで、大きな問題から社員を守ってきたことが誇りだった。

仕事に関する深刻な問題をジアに話そうと思ったことは一度もない。彼女が会社全体のことにそれほど関心を持っているようには見えなかったからだ。

そこでケイシーは、ウィルだけは違うと思うことにした。ひとつには、彼は非常に親しい友人の息子だ。それに、見るからに賢い。さらに言えば、彼はイップ社の社員というわけではなく、2～3カ月もすれば去っていく。とりわけ重要なのは、今、ここに立っているということだ。いいじゃないか。ケイシーは必死に自分に言い聞かせた。

「ウィル、ドアを閉めて座ってくれ」

ウィルがデスクの前に座ると、ケイシーは話し始めた。

「相談したいことがあるんだが、これはふたりの間だけの話にしてほしい。普段は、こういったことをジアにも誰にも話すことはないんだ」

ウィルはうなずいて、自分の役割を理解したようだった。

「面接のときに、我々はしばらく細かく調べられるだろう、と言ったね」

そう言ってからケイシーは、やや間を置いて続けた。

「プレイソフト社の誰かが、私のポジションを狙っているらしい」

ウィルはすべてを理解した。

ケイシーは、自分が部下に苦々しい打ち明け話をしても恥ずかしく感じていないことに、驚くとともに安堵していた。共感と自信が絶妙に混じり合ったウィルの表情のおかげだった。

「とにかく、その人物は非常に策略家だ。おかげで、私にとってこの夏は長くなりそうだ」

その様子にウィルは戸惑った。ゼロから築き上げた会社を誰かに奪われるかもしれないとわかっても、ケイシーは怒っているというより、あきらめているように見えたからだ。何か大事なものが欠けている。

「ところで、その人物とは誰なんですか？」

「事業開発の責任者で、名前はＪ・Ｔ・ハリソン」

「あなたのボスですか？」

「厳密には違う。私はＣＥＯに報告することになっているが、彼はそのＣＥＯの右腕だ。うちの会社の買収をまとめたのも彼だ。おそらく最終判断を下すことができるのだろう」

事の重大性に気づいたウィルは、目の前の並外れて有能とされる男が落ち込んでいる理由がわかった。そこで、ただ感じたままに行動した。問題解決モードに入ったのだ。

「どのように対応するつもりですか？」

ちょうどそのとき電話が鳴ったが、ケイシーは無視をした。しばらく質問について考え、電話がまた鳴るのもかまわず、彼はやっと答えた。

「まったくわからないんだ」

ウィルは、父親の元教え子で、急に頼りなくなってしまった男の肩に手をまわしてあげたくなった。

３度目に電話が鳴ると、ケイシーは発信元を確認した。

「この電話は出たほうがよさそうだ。じゃあ、10時の会議で会おう。ありがとう、ウィル」

ウィルはドアを閉め、沈んだ気持ちで部屋を出た。ところが、自分のデスクに戻る頃には、不思議なことに元気になっていた。

「なんだかんだ言って、この仕事は面白くなりそうだぞ」

その瞬間、ウィル・ピーターセンは、自分の父親が大好きな人の仕事と、彼の会社を守るためならば、できるだけのことをしようと決心した。そして、会議までの45分の間に、どう取り組むかを考えたほうがよさそうだと思った。

決定的証拠

ウィルはデスクにつくと、ケイシー宛のメールすべてに目を通し、この会社に何が起こっているのかを調べようと決めた。受信ボックスに目を通していると、さっそくある名前が目に飛び込んできた――「J・T・ハリソン」。

最初は、ケイシーのプライバシーを侵害しているような気がして躊躇した。だが、実際にボスのメールを読むのも自分の仕事のうちだということを思い出し、そのメールをクリックした。

ケイシーへ

私に話があるとトニーから聞きました。連絡が遅くなり申し訳ありません。この1週間ずっと移動していたので、お電話をする時間もありませんでした。そこで、このメールをお送りして、なぜ私がこの夏、モントレーに長く滞在しようとしているのか、より詳しくお伝えしようと考えました。

ご存じのように、わが社は現在、直近四半期の株価と収益の低迷により、少々困難な状況下にあります。そのため、近ごろは誰もが綿密な調査の対象となっています。

はっきり申し上げます。私はあなたの経営能力に疑問を感じています。これは、直観も含む多くの要因に基づくものです。しかし、そのほとんどは、数週間前に私が訪問した際の観察によるものです。あのように非生産的でつまらない会議は、これまでの私のキャリアにおいてもほとんど見たことがありません。あれは例外であってほしいと切に望んでいます。

詳しい話は、また2週間後にお会いした際に。ではまた。

J・T

ウィルは驚いてメールを読み直した。この男は、なんて軽々しく、ケイシーの世界を破壊するようなことを口にしているのだろう。そもそも、一度の会議を見ただけでこのような重要な判断を下すなど馬鹿げている。しかも、なぜメールで伝えたのかについては、何も触れていなかった。

突如として、ウィルは10時の会議が始まるのが待ち遠しくなった。

4 行動

前半戦

役員会議は毎週月曜日の午前10時から。場所は2階にあるモントレー湾を望む広くてモダンな部屋で、役員会議室と呼ばれているところだ。

ウィルは、遅刻を恐れて5分前に着いた。だが、一向に誰も現れない。場所を間違えたのかと不安になって部屋を出ようとしたとき、ケイシーが入ってきた。さらに、ソフィアとコナーが現れた。販売とマーケティングについて話している。ウィルに気づいたふたりは、立ち止まって優しげにこう声をかけた。

「新人君、調子はどう？」

ウィルは笑顔を返す。

「今すぐ辞めれば、ここのことを履歴書に書かなくてすむわよ」

ソフィアの冗談にどっと笑いが起きる。それから、みんなで、ウィルの大学時代のことや最近公開された映画について、卒業してから彼がしたいことなどについて楽しげに言葉を交わした。

数分すると、マットとミシェルが入ってきた。マットはウィルに自己紹介すると「新入り君、調子はどう？」と聞く。

コナーがすかさず口を挟んだ。

「僕が同じことを言ったところ。もっと気の利いた言い方にしないとね。たしか、わが社のクリエイティブ担当だったよね」

「気の利いた言葉は、君たちマーケティングの専門家にお任せするよ」

みんながどっと笑った。ウィルは、これぐらいのジョークにそこまで笑わなくてもいいのにと思ったが、それが会社の世界というものだろう。

「ティムはどこ？」

ケイシーが尋ねると、マットが答えた。

「ちょっと前に会ったけど……30分ほど遅れるから先に始めてくれって。なんでもIT部門と予算の話があるとか言っていた」

ウィルは、ケイシーがどう反応するのだろうと思った。だが、特に何もない。

「そうか。では始めよう」

ウィルはノートに、午前10時12分と書き留めた。その時間を、会議の後に配布する議事録に書き入れようと思った。

「これが今日の議題だ。いつもどおり、先週の議事録は受け取っているね？」

全員うなずいたが、誰もボスと目を合わせようとしない。議事録を読んでいないのだろう。ウィルは大学で、復習しているはずの内容について教授に聞かれたときに、学生たちが同じような反応を示すのを見てきた。

ケイシーは、議題リストに目を落としたまま話を続けた。

「最初の項目は飛ばそう。予算の話はティムが来てからだから、2番目から。まずはミシェルから管理者教育と夏のピクニックについて。それから、マットは新製品開発の最新情報について説明。その後で、ソフィアは販売経路について説明してくれ」

コナーが手を上げて話す。

「ブランディングと広告の資料を持ってきたんですが、よかったら説明しましょうか？」

ケイシーはみんながうなずくのを確かめてから、コナーに同意する。ミシェルがパソコンを立ち上げるのを待つ間、ソフィアが口を挟んだ。

「ピクニックの場所はまた高校じゃないでしょうね？　ビーチのほうがいいと思うんだけど」

マットが答えた。

「ビーチでやるには人数が多すぎるよ。カーメルにできた新しい公園がいいんじゃないかな」

「あの、セントメアリー通りのはずれの？」

「親戚が近くに住んでいるんだ。いいところだし、広さも十分だ」

パソコンの準備ができて、ミシェルも話に加わる。

「その公園を調べてみたけど、もう予約済み。あの高校しかないのよ。来年は、カーメルの公園を早めに予約するわ」

ミシェルがそう言っても話は終わらなかった。役員たちが15分近くもかけてピクニックの行き先について議論するのを聞いて、ウィルは信じられなかった。彼らは、トイレは清潔か、駐車場はあるか、ピーナッツアレルギーの子供にも安全な食べ物は何かなどについて、延々議論している。

無礼なことを言ってしまいそうな気持ちを何とか抑えながら、ウィルは細かくメモをとり続けた。幸いにも、ケイシーが割って入った。

「わかった、ピクニックについてはそのくらいでいいだろう。管理者教育について話を聞こう」

それからの30分間、ミシェルはそのプランを説明した。研修のために使う予定のコンサルタント会社のことや、おおまかな経費予測、最も可能性が高い実施場所まで。その間、質問やコメントをする者はひとりもいなかった。

「何か質問は？」

ミシェルが気を遣って尋ねたが、沈黙が流れるだけだ。するとマットが言った。

「で、僕も行かなきゃダメ？」

全員が笑った。ソフィアは、冗談を言う同僚に丸めた紙を投げつけた。ケイシーは次の議題に移りたかった。

「冗談はさておき、質問はないのかな？」

「これって本当に必要なのかな。7万5０００ドルっていったら、立派な業界誌に5本も広告を出せる額だ。それに、最近の株価を考えれば……」

コナーの意見に、ケイシーが笑みを浮かべながら口を挟んだ。

「コナーの言うことはもっともだ。資金が必要なのはわかっている。でも、これは決定事項だ。必要な予算を付け替えるわけにはいかない」

コナーはそれ以上食い下がらず、ウィルはそのことに驚いた。

ケイシーがミシェルをねぎらったところで、ティムがやってきた。彼はすぐさま、次期会計年度の予算を詳しく説明した。販売、マーケティング、製品開発、財務、総務の各部署の予算を詳細にわたって話した。だが、それぞれの担当役員と一対一で折衝しているようで、他の者は退屈そうに眺めているだけだった。

途中で10分間ほど、社内書類をシュレッダーにかけるために外部サービスを使うかどうかについて議論したが、この節約効果は月にたった72ドルだった。

再びウィルはメモを取ることで気を紛らわせた。その間ずっと、時計の針はゆっくりと進んだ。45分近く財務に関する討議が続き、やっとケイシーが10分間の休憩を告げた。新製品、販売経路、できればブランディングの議題を話し合うための時間が30分残ることになった。

ウィルがこれほど退屈したのは大学1年の微積分の授業以来だった。

(こんな人たちが、楽しいはずのゲームを提供するビジネスをやっているなんて。J・T・ハリソンがあんな風に言うのも無理はないのかもしれない)

後半戦

15分近く経って、みんなが徐々に戻ってくると、ケイシーがマットに新製品のプランを話すよう指示した。マットは、ドラコンやミニゴルフから、アーチェリーや馬術まで、ありとあらゆる新しいゲームの概要を説明した。みんな、ゲームの特徴について聞きたいことがあり、市場でどう受け入れられるかについての意見を持っていた。

まずティムが聞く。

「アーチェリーのゲームを買う人なんているの？　それに、ちょっと暴力が絡まないだろうか？」

マットは少し驚いたようだ。

「アーチェリーが？　オリンピック種目だよ。それにカウボーイやシマウマを撃つわけじゃなくて、的を狙うだけだ」

「わかるけど、売れるのかな？」

時間を気にして、ケイシーが口を挟む。

「この話は日をあらためてもいいだろう。マットとコナーが市場調査をやっていることは忘れないでくれ。では、販売の話に移ろう」

ソフィアは座ったまま、週別、月別、直近の四半期の業績を手早く説明した。それから、ゴルフ場のショップからの注文が下がる見通しを伝え、玩具店での販売増で補えればいいんだけど、と期待を示した。

ケイシーはゴルフ場での販売動向に関心を示した。ソフィアは、ショップはこまごましたグッズよりも、衣料品の販売にますます力を入れているようだと説明した。さらに、ゲームスター社を筆頭に、いくつかの競合他社がわずかだが存在感を増しており、イップ社の支配的地位を脅かしているという。

それからの10分間、このような状況を招いた原因と、これ以上のダメージを防ぐ方法について議論した。景気のせいか？　価格の問題か？　市場が飽和したのか？　天候のせいか？　ウィルはメモを取るのをやめていた。ようやく議論が面白くなってきたのだ。

ところが、その話は始まったときと同様、終わるのも唐突だった。ソフィアとコナーとケイシーが場をあらためて、ショップの棚のスペースを確保する方法を考えることになったからだ。

残り時間が5分足らずになって、ソフィアがその週に訪問あるいは電話する予定の得意先15社のリストを読み上げた。全員聞いていたが、心のうちでは会議の終了を待ち望んでいる様子だった。

ケイシーがコナーのほうを向いて言った。

「ブランディングの資料は来週でもいいかな。十分な時間を割けないから」

コナーにがっかりした様子はなかった。

ケイシーは誇らしげに会議の終了を宣言すると、ティムが茶化して言った。

「正午まで、まるまる1分もあるぞ」

みんなが大笑いするなかで、ケイシーが「誰か、僕とウィルと一緒にランチに行かないか？」と誘った。

ティムとソフィアが同意して、コナーとマットは他に予定があるからと謝った。

ランチに行く4人が階段に向かうところで、ティムがウィルに軽い調子で聞いた。

「初めての会議はどうだった？」

ウィルは立ちすくんだ。ノートとペンはしまっていたし、いくら我慢しようとしても黙ってはいられなかった。

「本当にひどかった」

沈黙。ソフィアはケイシーの反応を見ようとすばやく視線を向けた。ティムは聞こえなかったかのように階段に進んだ。3人もあとに続いたが、誰も口を開かず、数秒間が長く感じられた。

ウィルは最悪だと思った。部下たちの前でケイシーに気まずい思いをさせるなど、絶対にしたくなかったのに。口ごもりながらもフォローしようとした。

「つまり、ちょっと……」

ケイシーは、自分だけでなくウィルのためにも、気まずい雰囲気をどうにかしようとして言った。

「もっとましだったらよかったと思うさ。ときどき、会議なんてなければいいとすら思うよ」

みんなが礼儀正しくそっと笑った。ソフィアが雰囲気をやわらげようと「昔みたいに長引かないだけでも嬉しいわ」と言うと、「そのとおり」とティムも賛成した。

ウィルは、自分の発言を呪いながら、みんなに続いて正面玄関を出て、通りを渡ってレストランに向かった。

交渉中

ケイシーはその日の午後の大半を、買収後の常で、他のプレイソフト子会社の責任者たちとの電話会議で過ごした。今日、彼らは販売予測をしていた。ケイシーが部屋から出てきたときには、午前中とはちょっと違った様子だった。不安が薄れ、何かを決心したようだった。

「ウィル、ちょっと来てくれないか？」

先ほどの発言を後悔していたウィルは、叱られる前に謝ることにした。

「ケイシー、さっきは失礼なことを言って……」

「まさにその話をしようと思ってね」

ウィルは座ったまま小さくなって、非難の言葉を待った。

「君には、自分なりのやり方で手伝ってほしいと言った。だから、さっきのことも悪かったとは思わないでくれ。ふたりだけで話す機会があるまでは批判したくなかったかもしれないが、気にしないでいい」

ウィルには、ケイシーがあの言葉で傷ついたのかどうかわからなかった。いずれにしても、彼に打ち明けるなら今だと思った。

「Ｊ・Ｔからのメッセージを読んだことをお伝えしなければなりません」

ウィルはまるで懺悔しているようだ。

「かまわない。私へのメッセージはすべて見ておいてもらいたい。それで、どう思った？」

「あのメッセージですか？　ちょっと失礼ではないかと思いました」

「ああ、そう言われている男だ。ここに居座るためのきっかけが何かほしいようだ。でも、我々の業績は申し分ない。他のほとんどの子会社よりもうまくいっているんだから」

「会議の問題はどうなんでしょうか？」

おずおずと、ウィルはこの問題に触れてみる。ケイシーは軽く受け流すように笑みを浮かべた。

「足がかりを得るためのばかげた言いがかりにすぎない。それに、うちの会議が他の子会社よりまずいわけではない」

ケイシーは質問を投げたわけではないが、ひとまずウィルの反応を待った。

ウィルはケイシーの発言に乗ることにした。

「ええ。言われてみれば、広告代理店の会議もひどいものでした」

ケイシーは少しホッとしたが、ウィルの発言はまだ終わっていなかった。

「でも、そういう問題ではないかもしれません」

「どういう意味だ？」

「もし、彼が会議をやり玉にあげるつもりだったら、厄介じゃありませんか？　あなたがおっしゃったように、彼には決定権があるのでしょうから」

ケイシーは少し考えこんだが、急にまた弱気になったようだ。

「たぶんこちらの様子を探っているだけだと思うが……ともかく、何よりも大切なのは、収益がアップしていると示すことだ」

そう言って腕時計に目をやった。

「もう行かないと。明日また話そう」

ケイシーが去ると、ウィルはさっきと同じぐらい憂うつな気持ちになった。こんなにいい人に、部下の前で気まずい思いをさせたからだけではない。ケイシーが事の重大さを受けとめていなかったからだ。

新入り

いつもどおり、ウィルはすぐに、一緒に仕事をする人たちに強い印象を与えた。短時間で実務のコツを身につけ、ケイシーと役員たちの連携に気を配り、それぞれの役員との人間関係も築いていった。ほんの数日で、誰の目にもウィルがただの事務アシスタントではないことがわかった。そこで、彼らはもっと多くの、しかもだんだん高いレベルの仕事を、ウィルに任せるようになった。ウィルは期待された以上に仕事を楽々とこなし、その結果、部下としてではなくむしろ同僚とみなされるようになった。

イップ社の他の部署でも、ウィルの存在感は増していった。ウィルは、階下にいる社員からのメールに返信する代わりに、直接相手に会って、彼らがケイシーに何を求めているのかを聞きだした。おかげで、ボスの負担は減り、ウィル自身には新しい友人が何人もできた。

モントレーの外でも人脈を広げ、なかでも国内各地にある他の子会社の社長やサンノゼの本社の各部署で、トップに仕える事務アシスタントたちと親しくなった。ごく短期間で、ウィルは社内に、ファンクラブとまではいかないが小規模のネットワークを作り上げた。

それはウィルにとって嬉しくはあった。だが、それよりも、ケイシーが抱えるJ・T・ハリソンとの問題が心配でならなかった。次の会議はもっとよくなるよう祈るしかない。自分としては、自己コントロールできることを願うのみだった。

爆発

月曜日の朝10時ちょうど、今回も2階の役員会議室に着いていたのはウィルひとりだった。それでも11分後には会議が始まっていた。

ケイシーは議題リストを配り、親会社から新たに命じられた多少の予算削減案を発表した。それから30分で、どこを削減するかをティムが説明した。

みんながうとうとしかけたとき、ソフィアが発言した。

「ケイシー、これはどうしてもやらなければならないことだとは思うけど、管理者教育の延期や、ピクニックの縮小は本当にしなきゃいけないの？」

例によって、コナーがしつこく言う。

「それに、収益を押し上げたいなら宣伝に予算をかける必要がある」

すると、ティムがケイシーの先を越して言った。

「もう遅すぎるよ。ピクニックの前払いをすませたばかりだし、管理者教育のためのホテルやコンサルタントも手配済みだ。キャンセルしても25パーセントぐらいしか回収できないよ」

みんながCFOの言うことを受け入れて、ケイシーは次の議題に移ろうとした。

「どうすれば収益を上げられるかを話し合おう。そうすれば、経費の問題はさほど重要ではなくなる」

ソフィアが、当月と四半期の残りの販売予測について説明し、前週の取引先訪問の結果を詳しく話した。だが、彼女の話は途中から航空料金の値上げのことにそれていった。どういうわけか、みんながこの話題に乗り、自分たちが格安航空会社の飛行機に乗った経験を話しだした。

ウィルはひたすらメモを書きつけ、「やめろ！」と叫びたい衝動を抑えた。

ようやくコナーが立ち上がり、ブランディングとポジショニングに関するプレゼンを始めた。それから30分間、コナーは新たな競合他社に対する自社の立ち位置を再確認し、大人向けのリアルなスポーツゲームにおけるリーディングカンパニーとしての地位を固めるべきだと説明した。

ウィルは、この話には興味をそそられた。広告代理店にいた頃を思い出して考えた。市場で起きていることを踏まえると、これこそみんなが話し合うべき格好の話題のように思える。

そのとき、ティムが手を上げ、許可も得ず割って入った。

「ちょっと聞きたいんだけど、全部でどれくらいの費用がかかるのかな？」

不意を突かれ、コナーは一瞬考えてから答えた。

「そのことはすでにはっきりしていると思っていたけど……。コンサルティングの仕事と初期デザインの段階で5万ドルぐらい。それに、ブランドの立ち上げにはさらに20万から25万ドル。これには新しい名刺、看板、包装デザインも含まれる。全部ひっくるめて25万ドルを超える程度の話です」

「君の予算では、10万ドルぐらいだったたと思うけど、残りはどうするんだ？」

ティムが問い詰めると、ケイシーが割り込んだ。

「いいかな。プレイソフトとの取引をまとめたとき、別に10万ドル出させるように決めている。彼らもわが社のブランド再構築計画を承知しているし、そのための資金援助にも同意している。だから、足りないのは5万ドルだけだ。僕らがそれぞれ1万ドルずつ出せば足りると思うけど」

「それはピクニックの積み立てとは別ですか？」

ソフィアが説明を求めると、今度はマットが戸惑って尋ねた。

「ピクニックの積み立てって何のことだ？　そんなこと聞いてないよ。今年のピクニックはティムが払ってくれるものだと思っていたが」

ちょうどそのとき、ウィルのペンのインクが切れた。パニックになった。部屋を見回して、どこかに別のペンがないか探し、誰かの手からひったくろうとも思ったが、結局あきらめた。

「すみませんが、この会社のブランド再構築の話を先にすませるべきだと思う人はいないのでしょうか？　どうでもいいピクニックの議論なんかで貴重な1時間を無駄にするつもりですか？」

会議室に沈黙が流れた。長々と7秒間も。

ウィルは自分が言ったことを取り消したいと思ったが、さらに掘り下げた。

「申し訳ありません。でも、この会議にはびっくりしたので。みなさんは何にもならないことばかり話して、意味のある話題は避けているみたいで……」

最後まで言えず、ウィルはただ頭を振るだけだった。

一同は顔を見合わせて、「誰が口を開くのか？」と互いに探り合った。

やがてケイシーが言った。

「10分、休憩を取ろう。再開は11時15分だ」

みんなが部屋を出る。ケイシーとウィルだけが残った。

本音

ドアが閉まり、ウィルが見上げるとケイシーは笑みを浮かべていた。

「一体どういうことだ？」

ウィルは正直に話すことにした。

「実は、あなたに言っていないことがあって、それは……」

「障害のこと？」

「はい。どうしてご存じなんですか？」

「君のご両親とは友達なんだよ。君が問題を抱えていたときに話してくれてね。君はまだ子供だったね。でも、高校の頃に乗り越えたと思っていたけど」

「そのとおりです。でも、2～3週間前に薬を飲むのをやめたら、自己コントロールが困難になったみたいです」

ウィルは深呼吸して、いらだちを抑えようとした。

「みなさんが戻ったら謝ります。それに、薬もまた飲み始めます。効き目が戻るには2～3週間かかるかもしれませんが」

「それがいいだろう」

ケイシーはとても誠実で優しかった。

「そういえば、ゴルフのツアーでトゥレット症候群の人と一緒になったことがあってね。彼はショットがうまくいったときですら悪態をつくような人だったよ。でも、素晴らしいゴルファーだったよ」

それから数分間、ふたりはウィルの障害について話した。ケイシーが心から心配してくれていることがわかり、ウィルは父親がこの男を大好きなわけがわかった。

休憩時間が終わりそうな頃、ケイシーは新米アシスタントにこう言った。

「心配ないよ。みんなわかってくれるから」

火花

全員が戻ると、マットが手を上げ、ケイシーが発言を認めた。

「ウィルの発言に関して、ちょっと言いたいことがある」

ウィルは死にたくなった。ケイシーが救済に入る。

「聞いてくれ、ウィルとはもうそのことについて話したんだ。ウィルも申し訳ないと思っていて……」

マットがさえぎった。

「いや、彼が言ったことに文句があるわけではない。ウィルは正しいよ。僕らの会議は、やはりひどい」

突然、ケイシーは居心地が悪くなって言い訳をした。

「みんなわかっているように、会議はつらいものだ。でも僕らの会議は、他の会社より本当にひどいのだろうか？」

全員がこの問いかけについて考えているようだった。ケイシーに同意してうなずく者もいた。

しかし、いつものようにティムが少し踏み込んだ。

「我々のほうがひどいかどうかはわからない。でも、毎週この部屋で費やしている2時間は、少なくとも生産的とは言えないだろう。時間のことはさておき、これは単なる消耗だと思う」

全員が同意しているようだった。それで、みんな気がほぐれたようだ。

次に、ソフィアが笑いながら言った。

「大学時代にやったアルバイトを思い出すわ。夏休みの間、銀行の窓口係をやったんだけど、性格に合わなくて、ものすごく退屈だったわ」

みんな、その姿を想像したのか笑いを漏らした。

「とにかく、壁の時計ばかり見ていたの。次の休憩や、終業時間を待ちわびてね。何度か時計の針が逆戻りしたものよ」

全員がまた笑い声をあげた。彼女は、テーブルの先の壁にかかる時計を指して続けた。

「ときどき、あの時計を見て……またあの銀行のアルバイトに戻ったような気がするの」

みんなが笑ったが、ケイシーはソフィアの言葉が胸に刺さった。

コナーが口を挟み、ケイシーに向かって言った。

「僕らはみんな、会議を好きというわけではない。もちろん、会議なしですめばそのほうがいい。でもこれは、あなたのせいではない。ビジネスにつきものの必要悪みたいなものだから」

ケイシーはコナーの優しさを嬉しく思ったが、それを気休めにするつもりはなかった。

「そうだろうね。ともかくこの話は終わりにして、本来の仕事に取りかかろう。この問題はあとでも話せるから」

コナーは5分間、再びブランディングについて説明した。ちょうど正午に話を終えると、ケイシーが会議を終了させた。

ウィルは、ケイシーに迷惑をかけて申し訳ないと思いながら会議室を出た。しかし、さらに問題なのは、どうすれば彼の役に立てるのかわからないことだった。何とかしなければ。

誤算

また日曜日の夜がめぐってきた。ウィルは翌朝の会議が、いくつもの理由で恐ろしくなった。

ひとつには、その会議が1週間で最も時計の針の進みが遅い2時間だからだ。今になって、役員たちが何かと言い訳をしては会議に遅れてきたり、欠席したりするのはなぜかわかった。

しかし、ウィルが恐れているのは退屈だけではない。それ以上に、また思わずみんなを不快にさせるようなことを言って、ケイシーに愛想を尽かされないかが不安だった。何よりもボスを困らせることだけは避けたかった。

それで、仕事のことを忘れようと、両親の家に行って映画を観ることにした。

彼はもう、字幕付きのフランス映画しか観ないような映画専攻の学生ではなかった。他の人と同じように、ばかげたコメディーやアクションでも楽しめる。だが実家ではいつも、両親の興味の幅を広げるべく、彼らが普段は選ばないような映画を観せようとした。ウィルの選んだものを観てくれるのは2回に1回で、その晩もうまくいかなかった。

そんなわけで、両親のお気に入りの映画『恋人たちの予感』をレンタルしてきた。ウィルが両親とこの映画を観るときには、お決まりのことが2つあった。ひとつは、父が決まって「ビリー・クリスタルはコメディアンとして面白いだけじゃない。才能ある俳優だよ」と言うこと。もうひとつは、レストランでの卑猥なシーンになると、母が必ず早送りをすることだ。ウィルはそうやって実家で過ごすのが楽しかった。

すでに6～7回は観た映画が終わると、ウィルはDVDケースで上映時間を調べた。「96

分」。突然、ひらめいた。

何千人ものスタッフが何千万ドルもの資金を使って、10年を超える2人の人間の物語を描くのに、たった1時間半で十分なのだ。男女が出会い、互いに好意は持たず、それぞれ別の人と付き合い、別れ、再び2人が友達になり、愛が生まれ、結婚する。このすべてが96分間に収まるのだ！ しかも、すべてが解決する。

信じられない。ウィルは思った。

「仕事では、たった1週間のビジネス活動をまとめるのにもっと時間がかかり、そのうえ問題は何も解決しないっていうのに！」

ウィルは確信した。毎週ある会議の最大の問題は単に時間の長さなのだ。そう思うと、急に翌日の仕事が楽しみになった。

変化球

ウィルは、会議の前にケイシーと話したくて早めに出社した。パソコンを立ち上げると、意気込んで出社したのが挫かれるような情報が2つあった。

まずケイシーの予定表を見ると、今日は歯医者の予約があり、会議直前まで出社しないことがわかった。さらに悪いことに、J・T・ハリソンから、今朝の会議に出席すると知らせるメールが来ていた。仕方なくウィルは、計画を変えた。会議を短くするという意見を述べるのは翌週に延期し、今は被害を最小限にとどめるほうに頭を切り替えた。

運悪く、J・Tは早めにやってきた。ウィルのところに来て「ケイシーのアシスタントは？」と尋ねる。

「私です。ジアは産休を取っていて、しばらく私が代わりを務めます」

そう言って、「ウィルです」と名乗りながら手を差し出した。

「よろしく、ウィル。J・T・ハリソンだ。ケイシーはいるかな？」

「もうまもなく来るはずです。歯医者の予約があったので」

「わかった。先に会議室に入らせてもらうよ」

「では、後ほど」

彼が行ってしまうと、ウィルは不思議なことにがっかりしていた。たしかにJ・Tは横柄だったが、もっと嫌な奴であってほしかったのだ。想像していたのは冷酷なビジネス界の大物だったが、実際には、少々思い上がった経営幹部といったところだった。しかし、ケイシーに送った無情なメールを思い出して、弱りかけた敵対心を取り戻した。

J・Tが立ち去るとすぐに、ケイシーが現れて部屋に入った。ウィルも続いた。

ウィルが話し始める前に、ケイシーが聞き取りにくい声でもぐもぐ言った。

「口がしびれているんだ。あの歯医者、今日は局部麻酔しないはずだったのに。何をされているかわからないまま、よだれを垂らしていたよ」

ふたりは笑った。特にケイシーが「よだれ」を「よられ」と発音したのがおかしかった。だがケイシーは、すでにJ・Tが会議を見るために上で待機していると聞くと真顔になった。

舌がうまく回らないまま話そうとするケイシーをさえぎって、ウィルが言う。

「大丈夫ですよ。議題リストのまとめを手伝います。誰か提案を送ってきましたか？」

ケイシーは、目をぐるりとまわし、頭を振った。

「わかりました。それで、今朝の議題は？」

ケイシーは少し考えると、発音に苦労しながら「予算」と告げた。

ウィルはうなずいて、タイプする。

「でも、最初の議題にするのはやめましょう。やる気をそぐテーマですから」

口で言うのをあきらめ、ケイシーはホワイトボードのところに行った。「販売、ブランディング、競合分析、IT」と書く。

「ITの問題って何ですか？」

ウィルが尋ねた。

「プレイソフトのシステムに統合」とケイシーがホワイトボードに書く。

「わかりました。システム統合としましょう」

ケイシーは「いいだろう」というように肩をすくめて、他に何があるか考えた。

ウィルは先回りして言った。

「これで十分ですよ。今日の会議は簡潔にまとめましょう。J・Tをまた退屈させたくないし、ランチまでにはサンノゼに帰ってもらいたいですから」

ケイシーはデスクに手を伸ばし、ペンを2本つかんでウィルに手渡すと、「これで。メモをしっかり」と、ゆっくり言い含めるように言った。

ウィルにはケイシーの意図がよくわからなかった。

「はい。でも、議事録を読む人はいないと思うんですが」

ケイシーはほほえみ、首を振った。その瞬間、ウィルは気づいた。またインクがなくなったために、J・T・ハリソンの前で何か過激なことを言ってほしくないのだ。

ウィルも笑って、一緒に2階へ向かった。

速球

ウィルが苦労して調整したおかげもあって、ここ何年かで初めて、イップ社の会議が時間どおりに全員揃って始まった。

ケイシーは、議題リストをJ・Tも含めて全員に配り、さっそく会議を始めた。局部麻酔の影響で、ゆっくりと話し始める。

「今朝はまだうまくしゃべれないので、口の感覚が回復するまで、大部分はみんなに任せることにする。しばらくは、ウィルが私の代わりをする」

ここでまた「代わり」の発音が「かわい」になって、全員が、J・Tまでもが笑い声を漏らした。

そこでウィルが口を開いた。

「最初に、販売報告を手短にソフィアにお願いします」

これが、この会議中に何回もウィルが口にする「手短」の最初のひと言だった。

ソフィアは詳細な数字をあげて説明し、ミネアポリスの大手ディスカウントチェーンの店舗をごく最近訪れたことを報告した。しかし途中で、急に他のショッピングモールの話にそれてしまった。10時半になったところで、ウィルはJ・Tがいらいらし始めたことに気づいた。頃合いを見計らってソフィアの話を終わらせる。

「ありがとうございます、ソフィア。次にブランディングの現状を手短にお願いします」

ウィルが目を向けると、コナーが話し始めた。

「わかった。もうすぐみんなに見せられるようになると思う。今はデザイン会社がロゴとパッケージの試作に取りかかっている段階だ。もっと若々しくてエキサイティングなブランドへと進化しながら、新興の競合他社とも差別化できるものになるだろう」

J・Tが手を上げ、こう言った。

「競合相手とは？」

当たり障りのない質問のようだったので、コナーはうろたえることなく答えた。

「主にゲームスター社とゴーボックス社です」

J・Tは続けて質問する。

「主に、とはどういう意味かな？　他にもあるのかね？」

部屋じゅうが凍りつき、コナーの返答を待った。

「そうですね……」

コナーは質問の意味を考え、先ほどまでの自信が急にしぼんだ様子で答えた。

「この2つだけだと思いますが、どこか他の競合をお考えですか？」

少しでも形勢を建て直そうと、コナーは質問を返した。

「いや、ゲーム会社以外も視野に入れなくていいのかと思ってね。消費者のマインドシェアで競合する企業との関連もはっきりさせる必要はないのかな？」

全員がそれについて考え、コナーの答えを待つかのように黙り込んだ。

だが、コナーは答えずにすんだ。ケイシーが口を挟んだのだ。いくらか聞き取りやすくはなっていたが、それでもいつもよりはゆっくり話した。

「たしかに。ESPN（訳注：スポーツ専門テレビ局）やスポーツ・イラストレイテッド誌、それに、オンラインスポーツくじも調べるべきかもしれない」

J・Tも含めて誰もが、ケイシーの考えに興味を示した。続く15分間は、アイデアを交わし、すぐに調査候補のリストも作った。

議論が急に途絶えたとき、ウィルはすぐに次の議題に移って、イップ社の史上最短会議記録を打ち立てようと思った。

そこにマットが口を出した。このエンジニアリング部門の責任者は、いつもどおりに、疑いと非難の口調で話した。

「君はどういうコンサルタントを使っているんだ？　私たちの市場をちゃんと理解してい

るんだろうか？」

コナーは、競合他社に雇われた二重スパイと責められたかのような表情になった。

ウィルがケイシーをうかがうと、「まずいな」という顔をしている。ボスが口を出すのはよくない思ったウィルは思い切って発言した。

「すみません。今はコンサルタントについて議論する時間ではないと思います。来週、ロゴの試作品を見ながら検討しませんか？　そのときになれば、彼らを評価する材料がもっと揃っているはずですから」

みんなが同意してうなずき、その話題は終わった。ウィルは、論争になるところを未然に防ぎ、うまく切り抜けたと思った。

「では、マットにプレイソフトとのシステム統合の進行状況を手短に話してもらいましょう」

一同は、退屈な事務手続きの話を予想して、気が滅入ったようだった。

マットは、ＩＴ部門がイップ社のメール、留守番電話、財務報告、資産管理を新しいシステムに転換しなければならないことを話し、そのためのスケジュールと技術面での課題について説明し始めた。15分もしないうちに、一同はまるで昏睡状態のように朦朧としてきた。

そのことに気づいたウィルが、再び議事を進めた。

「ではティム、予算編成の簡略な説明をお願いできますか？」

「わかりました、ボス」

ティムは親しみを込めてからかう。J・Tとケイシーまでもが、臨時アシスタントに親しみを込めて笑い声をあげたので、ウィルは顔を赤らめた。

ティムはまず予算不足についてまとめ、各部門が前年の2倍以上の割り当てを企業サービスのために負担することになると説明した。

「今年はピクニックがあるし、管理者教育もある。それに、ブランディングに不足分が出たからだ」

ウィルは、役員たちが追加資金を負担しなければならないことに不満を抱いていると感じた。しかし、J・Tがいる前では誰も抗議などしないこともわかっていた。

ちょうど11時半になったところで、ケイシーがその日一番の大胆で驚くべき発表をした。局部麻酔もかなり薄れたようだった。

「これですべての議題を扱った。他に何もなければ、本来の仕事にとりかかろう」

誰もが呆気にとられているうちに、拍手が起こり、部屋じゅうに広がった。役員たちは持ち物をまとめ、会議終了時にいつも感じるだるい疲労感もなくドアに向かう。ウィルは安心し満足したが、それも長くは続かなかった。

引き留め

全員が会議室を出ると、ウィルは持ち物をまとめ、ホワイトボードを消し、下の階に向かった。自分のデスクに戻ると、ケイシーが自分の部屋でＪ・Ｔと話しているのが遠目に見えた。実際はほとんどＪ・Ｔだけが話しているようで、ケイシーは唇をかみ、軽い叱責に耐えているようだった。

30分ほどして出てきたＪ・Ｔは、誰にも何も言わずに立ち去った。一瞬ためらったが、ウィルはケイシーに会いに行った。

「どうでしたか？」

あからさまに「何があったんですか？」と尋ねるよりはあいまいな言い方をしたつもりだ。

ケイシーが首を振る。

「信じられないよ。まったく」

ウィルはドアを閉め、ケイシーが話し始めるのを待った。

「まず、彼はあのメールでは『あれでも気を遣ったんだ』なんて言うんだ。うちの会議は救いようがないそうで、あれがこの会社の姿だとすれば……」

ケイシーは口をつぐんだ。

「なんだと言うんですか？　その後は何と？」

「何も。そこまでしか言わなかった」

ウィルは、自分もふたりと一緒にいればよかったと思った。そうすれば、J・Tの言うことに細心の注意を払えたのに。

「ウェイド・ジャスティンに電話してください。彼に、J・Tにこれ以上邪魔をさせないよう伝えるべきだと思います」

「ジャスティンの名前が出るとはな」

「なぜですか？　もう電話したんですか？」

「いや。でも、すでにJ・Tがしていたよ。会議の直後にね」

ウィルの口は開いたままになった。

「なんですって？」

「彼は、J・Tと一緒に9月の会議を見に来るそうだ」

そのとき、電話が鳴った。

「噂をすれば影だ」

「J・T？」

ケイシーは頭を振った。

「ウェイド・ジャスティンだ。待っていてくれ」

もちろんそのつもりだった。

ボスが電話を取る。

「ケイシーです」

驚くことに、まるまる3分間、ケイシーはほとんど何もしゃべっていなかった。時々「はい」「そうです」「わかりました」と言うだけ。やがて気のない様子で、「わざわざどうも、ウェイド。ありがとう」と言って電話を切った。

受話器を置いたケイシーは、ウィルなどいないかのようにパソコンの前に座り直し、何かを打ち始めた。

ウィルはいぶかしく思った。

「それで？」

ケイシーが視線を上げる。

「ああ、申し訳ない。スケジュールを確認していたんだ」

「それで、何ですって？」

ケイシーは頭を振って言った。

「まったく訳のわからない会社だよ。ウェイド・ジャスティンは、Ｊ・Ｔに脅されてはいけないと言っている。ジャスティンは私を信頼しているし、私が状況を好転させるだろうって言うんだ」

ウィルは考え込んでしまった。

「状況を好転させる？　どういう意味ですか？」

「よくわからない。でも、９月の会議を見に来れば、それが実現したかどうか彼にはわかるんだろう」

ケイシーはコンピュータに視線を戻した。

「今日からちょうど5週間だ」

「あそこはおかしな会社ですね」

だが、ケイシーが言い返した。

「いや、そうじゃない。〝ここ〟がおかしな会社なんだ。もうその一部になっているのだから」

それから少し間を置いて続けた。

「少なくとも、あと5週間はね」

そのときウィルは願った。この臨時の仕事が、それほど面白いものになりませんようにと。

ひらめき

翌週は、ウィルがイップ社に来てから最悪の週だった。さらに問題なのは、ケイシーにとっては会社設立以来最悪の週になったことだ。

ケイシーがイップ社に勤めてほぼ11年、ここを辞めて、よそで働く必要が起きたらどうしようかと考えさせられるのは初めてだった。精神的にも経済的にも、まだ引退する準備はできていない。海洋学の修士号でもないかぎり、この地域でできることは限られている。それは他の社員も同じだ。

(どこかよそに行かなきゃいけなくなるのだろうか?)

ボスの気持ちを察したウィルも、自分のことのように共感した。日曜の夜になるとまた気を紛らせたくなり、実家へ行った。今晩は、父に「陶酔できる」映画を観る邪魔はさせまい、と決意を固めていた。

ウィルが選んだのはイタリア映画『ニュー・シネマ・パラダイス』の字幕付きだった。しかもディレクターズカットで、公開時にカットされていた部分を付け足してオリジナルに戻したものだった。

映画が終わると母は涙をぬぐい、父も涙をこらえていたが、ウィルは見て見ぬ振りをし、一同、これは名作だと意見が一致した。

「始まって10分もしたら字幕が気にならなくなった。これは何か意味がある気がする」にわかに感化された父親が言った。ウィルはＤＶＤのケースを取り、映画の長さを調べた。長いとは思っていたが、見て驚いた。

１７０分。

信じられなかった。バスケットボールのコーチである父親が、3時間近くも少年と男と映画館にまつわる外国映画を、じっとおとなしく座って観ていたのだ。

気に入っている他の映画のことも考えてみた。『素晴らしき哉、人生！』は2時間を超える。『ブレイブハート』はほぼ3時間かかり、『大脱走』となると、もっと長い。

ウィルには、だんだんわかってきた。会議の長さはその有効性とは関係がない。いや、あるのだろうか？

この問題にすっかりとらわれて、カーメルの自宅に戻り、学生以来の徹夜をするつもりでパソコンの前に落ち着き、まわりに何冊かの大学院の教科書を並べてみた。役に立ちそうなのは『映画入門』と『映画脚本家の手引』だった。その後5時間、ボスの問題の解決策を探ることに没頭した。

太陽が昇る頃、とても疲れてはいたが、新鮮な気持ちになっていたことに驚いた。それには理由があった。ひとつには、ケイシーが立場を守るための助けになれるのではないかとやっと思えたことだった。それに、自分の仮説を現実の世界で試したくて、会社に行くのが楽しみだったのだ。

限界に挑む

それから2週間、ウィルは、自分が入り込める他の会議があれば、それにも出席した。それはまるで、ジャングルにおけるサルの行動を研究する動物学者のような熱意だった。ケイシーと役員をじっくり観察し、新しい仮説に関するメモは議事録よりも多くなったが、「どうせ議事録なんて誰も読まないのだから」と正当化した。

夜になると、昼間の観察をじっくり検討し、常に自分の仮説に磨きをかけた。時には自分のアイデアを母親と話し合った。彼女はハーフムーンベイの海岸に近い技術系新興企業の経営を引き受けたばかりだった。ウィルの仮説に興味を抱き、すぐに自分の会社でそれを実践し始めた。

日曜にまた徹夜をしながら、ウィルは自分の仮説にはおおむね妥当性があり、いつでもケイシーと役員たちに発表できると確信した。睡眠不足ではあったが、好都合なことに意欲にあふれていた。何しろその朝、ケイシーの役員会議をハイジャックするのだから、それだけのエネルギーを集めなければならなかったのだ。

強行突破

ウィルが再び薬を飲み始めてからほぼひと月が経った。たしかに気分が良くなった。それでも、完全に症状が出なくなるまでにはあと2~3週間は必要だろう。どれだけ多量のアドレナリンやカフェインや抗うつ剤が体内をめぐろうとも、睡眠不足というだけで症状を抑えるのが難しくなる。

会議が始まる頃には、少し変な感じではあったが、自己をコントロールできていた。少なくとも、そう思っていた。

いよいよ会議という段になって、ケイシーが尋ねた。

「コナーはどこだ？」

「展示会の業者と打ち合わせがあるそうです。1時間ぐらいで来られると言っていました」

ソフィアの言葉に、ケイシーは気落ちしたようだったが何も言わなかった。

ウィルは突然、ケイシーが役員たちに会議への出席を強く求めないことについて口を出したくなった。寝不足のせいだろう。あとで悔やむようなことを口走らないように、席を立つと「失礼、すぐに戻ります」と言って会議室を出た。

ウィルは廊下を歩きながら、何が起こったのかを考えてみた。

（コナーが会議をすっぽかすのをケイシーが放っておくことが、どうしてこんなに気になるのか？）

すると、あることに気づいた。自分の計画がうまくいくためには、会議に全員揃っていなければならないのだ。人前でケイシーを糾弾する代わりに、ウィルは大急ぎでコナーの部屋へ向かった。

マーケティング担当副社長の部屋のドアは開いていた。コナーはコンピュータに向かっている。ノックすると、返事を待たず部屋に入った。

「失礼します」

コナーは静かに目を上げた。

「やあ、ウィルか。どうした？」

「会議はもう始まっていますが」

ウィルは尋ねるように言った。

「ああ、トレードテックと打ち合わせがあってね。ケイシーに言っておくようソフィアに頼んだんだけど」

「それで、その人はどこにいるのですか？」

ウィルが食い下がると、コナーは少しバツが悪くなったようだった。

「トレードテックの人か？　5分ぐらい前にお帰りだよ。ただ、ちょっとまとめておかなければいけないことがあるんだ。11時までには行くつもりだ」

ウィルはそこに立ったまま、これからコナーに食ってかかるのは、自分の障害のせいか、それとも自分の決意ゆえか、と考えた。どちらにしろ、もう止められなかった。

「会議に出てください、コナー」

コナーは困惑した様子を見せた。だが、怒っているわけではなかった。彼も他の社員同様、ウィルを気に入っていたのだ。

「なんだって？」

ウィルは、わずかながら気が楽になった。

「これは重要な会議です。みなさんにとってもそうだし、特にケイシーにとっては。だから、全員揃っていてほしいのです」

すがるような目でコナーを見つめる。コナーは状況を考えながら、少しの間、ウィルを見ていたが、やがてごく普通に言った。

「わかったよ」

そして自分の手帳をつかみ、「さあ、行こう」と促した。

ウィルはホッとして、コナーと一緒に会議室に戻った。ふたりが入っていくと、ケイシーは何があったのかといぶかっているようだった。だがウィルは、ケイシーが何とか察してくれたように思った。

会議は続いていて、ウィルとコナーは席に着いた。ティムが予算編成と関連事項の話をしていた。

ウィルはコナーを連れてくるのがうまく行ったことに気をよくして、タイミングを待たず本題に入った。

「みなさん、すみません。会議を中断させて申し訳ありませんが、今日はやらなければならないことがあります。恐縮ですが、議題リストにある項目は来週に延期したいと思います」

ティムだけでなく誰もが呆気にとられた。ケイシーだけは、心配よりも好奇心から、ウィルがやろうとすることを見ているようだった。

質問が出る前に、ウィルは始めた。

「私たちの会議はうまくいっていませんし、思っている以上に、多くの問題の要因になっています」

ケイシーの顔が急に曇った。ウィルがJ・T・ハリソンの問題をみんなに暴露するのではないかと心配したのだ。それは、この場ではとても対応できない。

ケイシーが口を出そうとしたとき、ウィルが説明を始めた。

「このひと月ぐらい、社員のみなさんと話をしてきましたが、彼らの言い分を知ったら、きっと驚くことでしょう」

これは全員の注目を集めた。

「社員の方々は、みなさんの……いえ、私たちの能力に疑問を感じています。私たちが毎週2時間もここに集まっているのに、はっきりした方向性を何も打ち出せていないことが理解できないのです。誤解しないでください。みんな、あなた方を本当に慕っています。だからこそ、会議の結果に戸惑っているのです」

ケイシーは、収拾がつかなくなる前に会議を終えたかった。だが一方で、ウィルが言おうとしていることに興味を覚えていた。

当然のように、ティムがまず口火を切った。

「誰と話したんだって？　つまり、それは……」

ウィルは丁重に言った。

「聞いてください、ティム。これは作り話ではありません。本当のことです」

ミシェルが助けに入ってくれた。

「彼が言っていることはわかるわ。意思決定とコミュニケーションの調査結果を見れば当然よ」

さらにウィルが言う。

「それに、ひと月以上もここで見てきた僕にもわからないんです。どうして、こんなに有能で分別もある人間が6人も毎週集まっているのに、時間の無駄でしかないようなことをしているのか」

ウィルは、自分の言ったことをみんなが理解するのを待った。だが誰かが（おそらくティムだが）異論を挟む前に、ウィルは自分の考えをまとめることにした。

「少なくとも、昨夜までは僕にもわかっていませんでした」

映画学校

「何が言いたい？」

ケイシーが関心を示した。

ウィルは丁寧に説明しようとした。

「会議があまり生産的でない理由がわかったのです。それが、今日話し合うべき内容です」

ソフィアがケイシーに尋ねる。

「今日の議題は、1週間延ばしても大丈夫なんですか？」

他の人も同じ心配をしているようで、ウィルは提案を却下されそうだと思った。

ケイシーは議題リストを見てから言った。

「ほとんどは待てると思う。でも、秋の新商品発売と予算編成の期限は先延ばしできない」

ウィルは、何とか自らの使命を続行しようと口を挟んだ。

「わかりました。こうします。最後の30分は、その議題にあてましょう」

すると、ティムが反発した。

「30分だって？ 冗談だろう？」

ウィルは必死に食い下がった。

「どうかわかってください、お願いです」

この数週間、みんなと培った信頼関係が功を奏したのか、何とかみんなに同意を得られた。

「わかった。やってみよう」

ケイシーが促したので、ウィルは立ち上がり、部屋の前に進んだ。

「みなさんの中で、会議に出るぐらいなら映画を観に行きたいと思う人はどれだけいますか？」

最初は誰も手を上げなかった。ただ座ったまま、顔を見合わせている。

「さあ、どちらです？　映画ですか、会議ですか？　答えてください」

ひとりずつ「映画」と答え始めたが、ティムだけは別だった。

「何を酔っ払いみたいなことを言っているんだ？　僕は、会議に出るぐらいだったら歯医者に行くよ」

これには全員が笑った。

「わかりました。では、もしも会議が本当は映画より面白くて、楽しいものだと言ったらどうでしょうか？」

予想どおり、ティムが答える

「やっぱり飲み過ぎだ」

さらに笑いが起きたが、ウィルはかまわず続けた。

「こう考えてみましょう。映画も会議もだいたい2時間ですよね？　まあ20分ぐらいは前後するとして」

何人かがうなずき、ウィルは続ける。

「でも、映画を観るのは受け身です。途中で俳優を止めてアドバイスなどできません。ところが、会議は完全に対話型です。出席者は発言できるどころか、それを求められてもいるのです」

ここまではみんなもわかったようだが、より大きな問題との関連性は見えていなかった。目下のところは。

ウィルは続けた。

「そして、映画は私たちの日々の生活とは直接的には関係ありません。映画の終わり方次第で、出かけたり何かしなきゃいけなかったりすることはありませんよね？」

うなずく人が増えるのを待ってから続ける。

「それに対して、理屈の上では、会議は私たちの生活に深い関係があります。会議終了時の決定事項は、その後の私たちの時間とエネルギーに直接影響します」

全員がうなずいている。

「ですから、対話型で生活と関係の深い会議は、映画のような受け身で生活と関係のない活動よりもはるかに大切なのです」

みんなの表情は、ウィルの指摘が面白いと語っていた。

ウィルは一息ついた。少しずつ自信を持ち始めている。

「ではなぜ、私たちは会議よりも映画に行きたいと思うのでしょう？　ひっかけ問題を出しているわけではありません」

最初に答えたのはマットで、当たり前だという口調だ。

「会議はつまらなくて映画は面白いからさ」

ウィルはうなずきながら言った。

「その理由は何でしょう？」

誰も答える様子がなかったので、ウィルが言葉を継いだ。

「映画の脚本家は昔から、映画を面白くするための、あるひとつの要素に気づいていたからです。そして、それこそが私たちの会議に必要なものなのです」

その要素が何かを明かす前に、間を置いた。

「それは、対立です」

誰もが当惑しているようだったが、ウィルには彼らが話に引き込まれているという確信があった。

「2～3週間前、私はこう思っていました。私たちの会議も、他のどんな会議も同じ問題を抱えていて、それは会議が長すぎるということだと。でも、その後で気づいたんです。とても長い映画でも素晴らしいものはある。それには、関心を引き続ける対立が必要なのです」

ソフィアが口を挟む。

「ちょっと待って。どんな映画にも対立があるってわけじゃないわよね？」

ウィルは反論に応じた。

「いい映画にはあります。テーマの中心に対立がない映画があったら、あげてみてください」

ソフィアがすぐ答えないのを見て、ウィルは別の方法をとった。

「それでは、みなさん、それぞれ好きな映画の名前をあげてください」

役員たちは答えにためらい、「真面目な話？」と疑っているようだった。

「では書き出してみてください」

ケイシーが、法廷で若い弁護士に助言する親切な老判事のように、ウィルに尋ねる。

「結論は出るんだろうね？」

「もちろんです」

ケイシーがうなずくと、全員が書き始めた。1分ぐらい経ってから、それぞれに読み上げてもらった

- コナー………『明日に向って撃て！』
- ソフィア……『サウンド・オブ・ミュージック』
- マット………『ゴッドファーザー』
- ミシェル……『トップガン』
- ケイシー……『アマデウス』
- ティム………『勝利への旅立ち』

「では、今あげてもらった映画に対立がないと思う人は？」

「厳密には、対立とはどういうことを指しているんだ？」

マットの質問に、ウィルは説法のような話を始めた。

「もし、戦争や殴り合い、激しい言い争いなどを頭に描いているのなら、必ずしもそういうことではありません。対立とは、解決すべき不安定な状況のことです。たとえば『ロッキー』のような2人の人間の対立を描くものもあれば、『ジョーズ』や『パーフェクトストーム』のように、自然と人間の対立を描いたものもあります。それに、多くの傑作はひとりの人間の内面的な対立を描いています。実のところ、ほとんどの映画は、たとえアクション映画であっても、結局は人間の内なる葛藤を描いています。どんな話にしても、結局のところ、何かが危機に瀕していなければなりません。目標、生命、正気、成功、心の平安、何かが危うくなっている必要があるのです」

少ししてから、ティムが言う。

「でも、『サウンド・オブ・ミュージック』の対立はどこにあるんだ?」

ウィルが答える前に、ソフィアがティムに反撃する。

「何を言っているの? まず、ナチスに抵抗するクリストファー・プラマー演じるトラップ大佐がいるでしょう。それに、マリアは大佐の愛をめぐって男爵夫人と対立する。それに、オーストリアからの脱出を忘れるわけにはいかないでしょう?」

ミシェルも参戦した。

「マリアは、受け入れてもらえるまでは、子供たちとだって対立していたわ」

ウィルは同意して続けた。

「そして、映画内で最も重要な対立は、マリアの内面にあるのだと思います。彼女が自分の人生を模索するところです」

「わかった、わかったよ。実は、その映画を観ていないんだ。ミュージカルはあまり好きになれなくてね」

ティムの告白に驚いたソフィアは、容赦なくからかった。

「『サウンド・オブ・ミュージック』も観たことないの？　そんな人っている？」

一同が笑うと、ティムはさらに続けた。

「ついでに言うと、『ゴッドファーザー』も観てないんだ」

これは一斉に非難を浴び、ティムは言い訳をした。

「ギャングの話にはどうも興味が持てなくて」

今度はケイシーが反論する。

「でも、『ゴッドファーザー』は単なるギャングものじゃないよ。マフィア映画は数え切れないほどあるけど、『ゴッドファーザー』は他と比べ物にならない」

ウィルはこの展開が嬉しくて、教授役を続けた。

「それでは、『ゴッドファーザー』ではどんな対立が見られるでしょう？　一度見始めると、途中でやめるのが難しいのはなぜでしょう？」

ケイシーがすぐに反応して熱く語る。

「マイケル・コルレオーネが、マフィアとは関わらないようにしながらも、結局は家業に足を踏み入れて、深みにはまっていくところだろう。この誠実な若者が、闇の世界からの誘惑と戦うところに心を奪われるんだよ」

全員がうなずき、頭の中で映画を再生する。

ウィルは笑顔になった。

「みなさん、これこそ、私たちが映画を好きな理由です。映画の魅力は、特殊効果でも、有名俳優でも、ポップコーンでも、暴力でもありません。それは対立です。人間ドラマです。これが私たちを画面に釘付けにするのです」

マットが手を上げた。突然、ウィルを教授に仕立てて、学生の自分がもっと学びたいと思っているようだった。

「我々が好きなどんな映画にも対立があるというのはわかった。だからといって、どうして会議にも対立が必要なのかはわからない。たしかに退屈はしないだろう。でも、長期的に見て、どんな違いがあるんだろう？」

ウィルはこの質問を考え、うまく答える言葉を探したが、ケイシーに先を越された。

「いいかな、マット。みんながもっと積極的になれば、もっといい決定ができると思わないか？　それに、みんなのアイデアや意見をもっと取り上げられるようになるんじゃないかな」

「そこが、みなさんの会議の重大な問題のひとつです。大事な話をしていても、議論が激しくなりそうだと、そこから逃げてしまうようなのです」

ウィルの言葉にマットはうなずきながらも、別の質問をする。

「わかったけど、会議がドラマだといっても、ナチスやマフィアより面白くなんてできるか？　とても敵うはずがない。映画と比べたら、扱う問題のスケールが小さいじゃないか」

ウィルは力強く首を振る。

「いいえ。会議のほうが、ずっとスケールが大きいんです」

まるでウィルが地球は平らだとでも言ったかのように、全員が彼を見つめる。狙いどおりだった。

「ここでみなさんが話し合うことは、とても重要です。映画ファンがトラップ一家の心配をするよりずっと重要です。ここであなた方が話し合う問題は、この先パンを買えるか、仕事を続けられるかという問題なのです。それより重要なことがあるでしょうか？」

反論はなかった。

コナーが急に話したくなったようだ。

「『トミーボーイ』はどうかな？　あの映画のどこに対立があるのかな？」

ミシェルが口を挟んで冗談を言う。

「名画じゃないとダメみたいよ」

みんなが笑うなか、ウィルはコナーをかばった。

「『トミーボーイ』は僕も好きなコメディーで、クリス・ファーレイは最高でした」

コナーは安心した。

「で、どこに対立があるんだ？」

ウィルは笑顔を見せて、その映画がアカデミー賞を取ったかのように細かく分析してみせた。

「そうですね、まずクリス・ファーレイは、急死した父親が経営していた会社を守ろうとする。ボー・デレクとロブ・ロウを敵に回して破壊的な脅威と闘わなければならない」

誰もが、ウィルも一緒になって、このコメディー映画のもったいぶった分析に笑い声をあげた。ウィルは、かまわず講義を続ける。

「なかでも一番重要なのは、会社のリーダーになるために、自分の精神年齢やプライドと向き合わなければならないことです」

コナーがニヤリとした。分析に感心したからだ。

するとケイシーが口を出した。急に落ち着きがなくなり、不安そうだ。

「それじゃ、対立を生み出すのは私の役目ということかな」

ウィルがうなずくとケイシーが続けた。

「私は対立が好きじゃない。どうやって会議に対立を持ち込めばいい？」

ウィルは説明した。

「問題は〝どうやって〟ではなく、〝いつ〟やるかです」

つかみ

教授役が板に付いてきたウィルが質問する。

「映画で最も重要なのはどこでしょうか？」

誰も答えないので、ウィルはさらに続ける。

「作品の長さがほぼ2時間だとして、最も重要な部分はどこでしょう？」

コナーが最初に答えた。

「ラストシーンかな」

ウィルはわざとじらしてみることにした。

「ラストシーンだと思う人？」

役員のほとんどが手を上げた。ウィルは、クイズ番組で答えを間違えたときの音を真似た。

「ブー。残念でした」

みんなが笑った。

「話が大きく展開するところだ！」

ティムが大きな声をあげた。ウィルは部屋が静まるのを待ってから、ティムに向かって言った。

「ブー。それも違います」

さらに笑い声があがる。ざわつくなかでケイシーが言った。

「オープニング」

ウィルはケイシーを指した。

「正解です。オープニングです」

ボスに先を越されて、みんなはふざけてうめき声をあげる。

ウィルは続けた。

「正確に言うとオープニングだけでなく、始まりの10分です。あるいは脚本で言えば、初めの10ページです」

ウィルはみんなが理解できるように間を置いた。

「なぜ、オープニングがそんなに大切なのでしょうか？」

「第一印象が重要だから」とマットが答える。

「そのとおりです。最初の10分で観客の気持ちをつかめなければ、そこで終わりです。その後、どんなに面白い展開があったとしても、観客は『いいシーンもあるけど、なんてつまらない作品なんだ』とずっと思うでしょう。反対に、最初に観客の心をつかむことができれば、その後に面白くない場面が多少あっても見過ごしてくれるものです」

部屋にいる誰もがうなずき、笑顔になって、心あたりのある映画を思い出しているようだった。

映画の話が盛り上がっているので、ウィルは続けた。

「自分の好きな映画のことを考えてみましょう。たぶん、最初の場面を覚えていますよね。その場面の何かがあなたの注意を引き、あなたの心をつかんだのです。それを会議でやりましょう。人が注意したくなるようなきっかけを与えるんです」

ノートを取っていたケイシーが不意に顔を上げた。

「でも、会議の開始を『レイダース／失われたアーク《聖櫃》』の冒頭シーンほど面白くできる自信はないな」

ウィルは素直に認めた。

「そうですね。あれほど面白くはできないでしょう。でも、もう一度言いますが、お客さんは映画を楽しいものだと思って観にいくのです。ハードルは相当高いはず。それに比べて、会議で人の注意を引くのは、そんなに大変じゃないはずです。そもそも、会議は退屈だと思っているんですから」

みんなが笑った。

「どうしたら無味乾燥なテーマを面白くできるのか、具体的な例を出してもらえるかな？」

ケイシーはどうしてもその点にこだわった。

ウィルは一息ついて答えた。

「いいですよ。できると思います。では、どなたか、あまり面白くなさそうな話題を出してください」

少ししてからソフィアが言った。

「予算案かしら」

「それはたしかに面白くなさそうです」

ウィルは冗談ぽく受けて、ティムも笑った。

「では、予算削減の議題でやってみましょう。いつも予算見直しの会議はどうやって始めているんですか？」

コナーが割り込んで、ＣＦＯのティムをからかおうとする。

「いつも、ティムが予算案資料の42ページを開いてくださいと言って、ひとりひとりに集計表に並んだ項目で、予算額が前年より15パーセント以上も高いものを声に出して読み上げさせるんだ」

コナーはそう言うと、あくびをしてから退屈のあまり机に顔を突っ伏して眠るふりをする。みんなが爆笑し、ティムはおどけて抗議した。

「おいおい、そこまでひどくないだろ」

みんなを笑わせたまま、ティムはウィルを見た。

「まあ、だいたいそんなところだ」

ウィルは話を元に戻した。

「それでは、どうやってその状況を転換できるでしょうか？　会議の冒頭をどのようにすればいいでしょうか？」

誰もわからない。

「では、実験してみましょう」

ウィルはあえて賭けに出ようとするようにほほえんだ。

「ティム役は、代役のウィル・ピーターセンが務めます」

笑いが起こり、ウィルはすぐ役になりきった。

「これからの2時間は、きっと退屈するでしょう。みんな、やりたいことが山ほどあるのもわかっています。でも、今ここにいる間は、覚えておいてもらいたいことがいくつかあります。第一に、競合他社は我々が間違いを犯すことを期待しています。広告費を削ったり、従業員を雇いすぎたりするのを望んでいます。一方で社員たちは、我々が正しい判断を下すことを望んでいます。今日私たちが決めることはすべて、彼らのやる気はもちろんのこと、パフォーマンスそのものに大きな影響を与えるからです。彼らの心のなかでは、私たちの信頼性が試されています。もうひとつは、私は今後9カ月、『予算案見直し会議で、もっと注意を払っていればよかった』と後悔しながら過ごしたくないんです。ですから、気持ちを引き締め、適切な判断をして、この1年の残りを気持ちよく過ごせるようにしましょう」

そこで少し間を置くと、すぐに会議室は拍手喝采に包まれた。

ウィルは顔を赤らめた。

「アカデミー賞級の演技ではありませんが、『予算案資料の42ページを開いて……』と言うよりはずっといいんじゃないでしょうか」

みんなは笑いながら、同意してうなずいた。

そこでケイシーが口を開く。

「で、最初の10分の後は？」

ケイシーもこの議論を楽しんではいたが、他の人たちほど前向きにはなれなかった。みんなもそれに気づいていて、騒ぎも少し落ち着いた。ウィルだけは、ケイシーがJ・T・ハリソンのことを考えているのだとわかった。

深掘り

ウィルはさらに進めた。

「ここからは楽になります。一番厄介なのは最初ですから。議題さえ決まってしまえば、あとは対立点を探せばいいのです。精神医学の勉強をしているときは、これを『深掘り』と呼んでいました」

「深掘り？」

ケイシーが口を挟んだ。

「みなさん、特にリーダーであるあなたは、異なる意見を持った人たちがそれを表に出すのをためらっている場面を探し出さなければなりません。そして、彼らの意見をすべて表に出して、考えを伝えられるようにするのです。大切なのは、埋もれた対立点を深掘りし続けることです」

「でも、時間がかかるのでは？」

マットの言葉に反応したのはソフィアだった。

「じゃあ、代案があるっていうの？　言っておくけど、結局、問題が解決しないまま、半年後に『前に話し合ったとき、そんな決定に同意した覚えはない』みたいなセリフを聞くのは嫌よ」

ウィルは、ケイシーが何か釈然としていない、あるいは違和感を覚えていることに気づいた。

「ボス、どうかしましたか？」

「何でもない」

ケイシーはとっさに答えてから、続けて言った。

「常に意見が一致しなければならないということか？　いくら時間をかけたところで、意見が一致しないことだってあるだろう」

ウィルは、ケイシーの発言で目が覚めたような思いだった。

「満場一致を求めているように聞こえましたか？」

何人かがうなずく。

「質問してくれて助かりました、ケイシー。そんなつもりはありません。満場一致なんて、ぞっとします」

今度はミシェルが戸惑ったようだ。

「ぞっとする？　どういうこと？」

ウィルが補足した。

「すみません、ぞっとするというのは少しオーバーだったかもしれません。要するに、満場一致になることなんて、普通はありえません。6人の優秀なメンバーが集まり、複雑で重要な課題について話し合うのですから、完全な合意に達する可能性はきわめて低い」

「じゃあ、どうしたらいいの？」

「議論を戦わせ合うのです。熱心で、遠慮のない、まとまりもない、刺激的な議論を。これ以上の情報は出てこないとリーダーが判断するまで続けます。それまでに、説得力のある意見が出てこなければ、最終的にリーダーが決断します」

役員たちは「よさそうだ」と言うように顔を見合わせ、ウィルはここで、講義を中断した。

「でも、はっきりさせたいことがあります。最初の意見がどんなものであれ、ひとたび決定が下されれば、全員がそれを支持しなければなりません。だから、議論の場では、誰もが自分の意見を正直に主張することが大切なんです」

ケイシーにはすべてが理解できてきた。

「だから、対立を〝深掘り〟する必要があるんだな。どれだけ時間がかかるとしても」

「そういうことです」

ウィルは進歩を感じた。だがマットは、ここでもお得意のあまのじゃくを演じることにした。少しくだけた調子だが、真面目にウィルに反論する。

「悪いけど、なんだか馴れ合いみたいで無駄じゃないかな。対立なんかいらないし、僕は好きじゃない」

ウィルは落ち着いて答えた。

「なぜでしょうか？」

すると、ソフィアが言った。

「議論が感情的になれば、不快に思う人もいるでしょう。そのうち、『どうやら役員たちの仲が険悪らしい』みたいな噂が会社じゅうに広がることにもなるわ」

ウィルは押し返した。

「でも、今の会議では何も決まらないじゃないですか。みなさんが言っていることです」

ケイシーは同意を示すようにうなずいたが、マットは反論した。

「感情なんてどうでもいい。誰かが気分を悪くしようが、役員の噂話を始めようが、知ったことじゃない。問題は、時間を無駄にすることだ。おとなしく座って、みんなが一日じゅう議論するのを見ているよりは、ケイシーに決めてもらって、すぐに仕事に戻るほうがずっといい」

「冗談でしょう?」

今度もソフィアだ。答えようがないのは承知のうえで言う。

「どうやったって、今より悪くなることはないわよ」

マットはソフィアの反撃に少し気を悪くしたようだ。会議室が一瞬緊迫したところでミシェルが口を挟んだ。

「ソフィアに賛成。私たち、すでにかなりの時間を無駄にしているわ。それに、解決策も見つかりそうにない。たしかに、今より時間がかかるかもしれないけど、少なくとも面白そうじゃない。何も決まらない1時間より、正しい決定のできる3時間のほうがずっといいわよ」

マットはまだギブアップするつもりはなかった。

「面白いかどうかなんて、まだわからない」

ケイシーも応戦する。

「この半年間で、どの会議が一番面白かった？」

質問を向けられたマットは肩をすくめる。ケイシーはニヤリとした。

「そうか、明らかだろう？　今日の、この会議だよ。見てごらん。みんなが議論に参加している。そして、意見が一致していない。面白いじゃないか」

とうとうマットもうなずいた。みんなもその事実に思いをめぐらせている。そこにティムが割って入った。

「ちょっと待って。面白い会議は他にもあった。ほら、ウィルがくだらないピクニックの話をやめろと言ったときの会議」

みんなが笑った。ケイシーが笑いながら指摘する。

「そうだ、あのときもあったな、対立が」

実践

ウィルは、そろそろ切り上げて勝利をかみしめたかったが、先へ進めなければいけないと思った。

「さて、そろそろ現実的な問題を取り上げたいですよね。何かひとつ問題を取り上げて、対立を深掘りできるかどうか試してみましょう」

ケイシーはその気になって、みんなに尋ねた。

「何から始める？」

ミシェルが最初に提案する。

「ピクニック」

非難の嵐のなか、ミシェルが言った。

「真面目な話。これはきちんと片を付けておくべき問題でしょ？」

ケイシーは、ここぞ自分の出番だと感じた。

「では、問題は何だろう？」

ミシェルは少し怒っているようだった。

「ピクニックの幹事役なんてやりたくなくって……」

ティムが口を挟む。

「あんな、嫌なピクニックの幹事役なんて、だろう？」

ミシェルをはじめとして、みんなが少し笑った。

「そう、あの嫌なピクニックのこと。みんなと同じで幹事役はごめんだわ。イベントの主催もパーティーの企画も得意じゃないけど、仕事だからやっているだけ。みんなにピクニックの内容や、予算から費用分担することに不満を言われたりするのはもう嫌。何が言いたいかって、ピクニックってつまるところ、会社のお金を使っているのよ」

ほんの一瞬、ミシェルは本当に泣き出しそうだった。部屋じゅうが静まり返った。これまで、会議中に感情がここまで露わにされることはなかったからだ。ケイシーはそのままにしておきたかったが、ウィルを見やって、こう言った。

「反論がある人は？」

みんな黙っている。ケイシーはマットのほうを向いた。

「どう？　たぶん君がピクニックには一番反対だったと思うけれど」

ケイシーの単刀直入な言い方にみんな驚いた。ミシェルはここぞとばかりに付け加える。

「管理者教育のことも、ここではっきりさせましょうよ」

そこでマットも口を開く。

「ちょっと待って。管理者教育には参加すると言ったし、費用の負担についても特に何も言っていないよ」

彼の勢いに驚いたのか、ミシェルは反論しそうもない。ウィルは、ボスが話をさらに進めるかどうかの様子を見たが、何も言わないようなので口を出すことにした。

「どう思います、ミシェル？」

彼女は深呼吸してから言った。

「お金の問題だけじゃないわ。支援してくれるかどうかの問題だと思うの。管理者を教育する必要がないなら、それはそれでいい。そうと決めれば、私は別のことに専念します」

ミシェルは少し動揺しているようで「わからないけど……」と付け加えた。気まずい空気が流れる。ウィルはマットとミシェルに目を向けながら言った。

「指摘しておきたいポイントが3つあります。第一に、これこそが本来の話し合いだということです。ですから、おふたりとも、自分が的を外しているなどとは思わないでください」

ウィルは、自分の言葉がその場に広がっていくのを感じた。マットとミシェルには少しは慰めになったようだ。

「第二に、こういう議論は退屈とは無縁です」

ユーモラスな意見に、みんなが笑った。

「第三に、私たちは全員の意見を聞く必要があります」

そう言って、ウィルはみんなの顔を見た。

笑いが消え、やがてティムが口を開いた。

「マットが何を言いたいかはわかる。つまり、管理者教育が待ち遠しいとは言えないし、ピクニックにしても……」

そう言って人事担当役員に目を向ける。

「だけど、ミシェルも正しい。どちらも、全員の合意のうえで実施することに決まったのだから。一度決めたからには、文句は言わないで成功させるべきだ」

ソフィアが続いた。

「私はそれでかまわない。でも、次回からは何がどう変わるのか、はっきりさせたほうがいいと思うの。毎年、同じことで文句を言っているようだから」

なぜか、全員がコナーのほうを向いた。コナーはまだ発言していない。みんなが待っていることにやっと気づいたようだ。

「僕を見ないでくれよ。ピクニックは好きだから」

笑い声が漏れる。

「ねえ、僕は何も、君に対して文句を言っているわけじゃないよ」

ミシェルを見ながら、マットがようやく発言した。

「でも、そう思えるわ」

「そうかな。やらなきゃならないことが多すぎるし、どうでもいいことに時間を取られて、いらいらしているのかも」

「どうでもいいこと？」

ソフィアの抗議にマットは弁解した。

「誤解しないで。僕たちにとって、そういう行事がどれだけ重要かはわかっている。ただ、利益を生み出すための話し合いにもっと集中すべきだと思う。それだけのことだよ」

そろそろ会議を終了させたくなったケイシーは、まとめに入った。

「よろしい。では、管理者教育とピクニックの議論にこれ以上の時間は費やさない。そして、来年は計画段階でしっかりと検討を重ねて決定を下し、それを実施する」

それからミシェルのほうを向くと、「これでいいか？」と尋ねた。ミシェルはうなずいた。

「ええ、わかってもらえて嬉しい。私がただ、自分の仕事に向き合っているだけだってことをね。それに、マットの言うとおり、会社の収益などの問題をもっと話し合ったほうがいいかもしれないわ」

その瞬間、マットと他の役員たちのミシェルに対する評価が劇的に上がった。

その後、議論は他の議題へと移った。ブランド戦略、販売戦略、情報システム。ケイシーは、どの議題に関してもみんなの考えを引き出し、意見の相違を浮き上がらせようとした。しかし、彼も完璧ではなかった。会話がぎこちなく途切れたり、議題としての優先順位について混乱したりすることもあった。だが、これまでのどの会議よりも良くなっていた。

だが会議の後、ウィルは自分の仮説が思ったほど成果を上げなかったことに気づいた。

（まだ何か足りない気がする）

構想

ウィルはがっかりしたものの、対立に関する仮説が間違っているというわけではないと思った。未完成なだけだ。

そこで、自分の教科書に戻って答えを探した。対立以外に、映画作品を優れたものにするために必要なものは何か？　次の週には、脚本を読み、映画を観て、講義ノートを見返してみたが、答えは見つからなかった。

何度か実家に帰り、母の助言を求めようともした。やがて、解決の種から芽が出てきた。ある晩、自分の部屋を掃除していると、クローゼットの足元に『テレビの歴史』というテキストがあることに気づいた。ウィルは何かに思い当たり、いつのまにか夜明けまで読み続けていた。シャワーを浴び、会社へ向かう頃には、すべての意味がはっきりとわかっていた。

ウィルはまた、さまざまな会議に顔を出した。長いものから短いものまで、議論の中身にはかまわず、出席できる会議はすべて、出席し続けた。

夜になるとテレビを見る。ひっきりなしにチャンネルを変えながら、展開しつつある仮説に思いをめぐらせた。ビジネスに関する母親の意見が聞きたくて何回も電話したが、それが自分の仮説にとても役立った。日曜の夜になる頃には、非常に疲れてはいるものの、希望も見えていた。

問題の会議まであと2週間。ウィルは、自分がケイシーと役員たちの抱える難題を解決する糸口を見つけられると思っていた。それが失敗に終わる可能性などまったくないと思っていた。

排除

月曜日、ウィルは役員たちに新たな発見について説明するのを楽しみにしながら出社した。ところが会議が始まる前に、ケイシーがウィルを部屋に呼び出し、ウィルを喜ばせようとある話を切り出した。しかしそれは、ウィルにとって喜べる話とは言えなかった。

ケイシーの話は、プレイソフト社が、シカゴで毎年開催される「トイ&ゲーム・コンベンション」というゲームショウに出展するため、大がかりなブースの準備と運営のボランティアを集めている、というものだった。そしてケイシーは、ウィルがそのボランティアには興味がないと断わる前に引き受けてしまっていたのだ。

場所はシカゴの高級ホテル。10日間にわたる仕事だった。週末には家に戻ってもいいし、友達をシカゴに招待したり、その分の航空運賃を自分の小遣いにしたりしてもいいという。

ウィルはまだ大学を卒業したばかりで、普通に考えれば、この願ってもない報酬や無料旅行に飛びつくところだ。だが、今回は違った。

「聞いてください、ケイシー。僕はここにいなければなりません。例の会議は2週間後です。やらなければならないこともあります。もし……」

ケイシーが丁寧に言った。

「わかっている。よくわかっているとも。だが、この間、君が助けてくれたから、あとは僕らだけで大丈夫だ」

ウィルには、ケイシーがそれほど自信を持っていないとわかった。

「それに、会議の何日か前には帰ってこられるだろう？」

「大事なのは、僕が会議に出席することではなく、みんなでやり方を見つけることで……」

ケイシーがまたもやウィルの言葉をさえぎった。少しいらだっているようだった。

「いいかな。もしもJ・T・ハリソンが私をクビにしたいなら、そうするだろう。それに、彼が思いつく理由が、うちの会議がサーカスのようには面白くないということだけなら、私には何もできない」

ウィルは叫びたい気持ちだった。「対策はあります！」と。だが、ケイシーはすでに最悪の事態を覚悟しているようだった。それに、J・Tがすでにケイシーをクビにすると決めているのなら、ケイシーに今さらあれこれと考えさせるのは酷なことだ。

ウィルは、自分の口から出た言葉が自分で信じられなかった。

「出発はいつですか？」

ウィルは明らかにしょげていた。ケイシーは笑っている。

「どうしたんだ、ウィル。何も戦場に向かうわけじゃない。シカゴに行くだけだ。明日の午後には来てほしいそうだ」

「では、今夜の便ですね？」

「ああ、それでよければ」

「結構です。では、後ほど会議で。それに、これから2週間留守になるのですから、会議についてもう少し話しておいたほうがいいかもしれません」

ケイシーは気乗りしない様子でうなずいた。ケイシーにとって、そしてこの会社にとって、この後の2時間は非常に重要なものになる――そう思いながら、ウィルは部屋を出た。どうせならスターバックスの求人に応募しておくべきだったかも、とふと思った。

2時間目

全員が席についたので、ウィルは立ち上がって説明した。

「また同じ議題で申し訳ありません。ですが、今日も1時間ほど、会議についてお話ししようと思います」

マットが顔をしかめる。他にも、同じように思っている人はいるのではないかと言いたげにまわりを見回した。だが、自分から異議を唱えようとする者はひとりもいなかった。ケイシーが気まずい空気を吹き飛ばそうと口を出した。

「先週のことを考えれば、もう一度、ウィルに少し時間をあげてもいいと思うんだ。議題リストの項目を話し合う時間はたっぷりあるはずだし」

ウィルは少し安心したものの、ケイシーは「だが今から30分だけだ」と言った。ウィルは心配になった。1分でも無駄にしたくないので、すぐに話を始めた。

「先週、対立についてお話ししたことを覚えていらっしゃいますか？　あれは間違っていました」

誰もが信じられないといった様子で彼を見つめた。ティムはためらわずに言う。

「なあ、君が言っていることは……」

「冗談です。落ち着いてください」

文句を言いながらも笑う役員たちを見て、ウィルは続けた。

「実は、対立以外にも重要なことがありました。残念ながら、あまり興味深くないものですが」

みんな、退屈な話に付き合う準備を整えた。ウィルは、ホワイトボードに近づいて「ドラマ」と書いた。

「私たちの会議の、ひいてはありとあらゆる会議の最大の問題は……組み立てです」

そう言うと、ウィルはそれを「ドラマ」の隣に書き加えた。


【会議に欠けている要素】
- ドラマ
- 組み立て

参加者たちが興味のなさそうな表情を浮かべたので、ウィルは議論をもっと逆説的な方向へ進めることにした。

「私たちの問題は、会議が多すぎることではありません。会議が少なすぎるのです」

この一言で、みんなの興味は取り戻せた。しかし、彼らの表情から判断すると、これまでの2カ月間で獲得してきた信頼を丸ごと失ってしまったようだ。だが、彼らが気づかないうちに、ウィルの思いどおりに進んでいた。

マルチメディア

「何も、会議にもっと多くの時間をかけなくてはならないと言っているのではありません。そうではなく、会議のタイプを増やす必要があるのです」

そして、議論をメディアとエンターテインメントに戻した。

「考えてみてください。テレビ番組が1種類しかなかったら、どう思いますか？」

ホワイトボードへ行ってペンを取り上げ、頭の中を整理する。それからみんなのほうに向き直り、尋ねた。

「私たちが観るのは映画だけではありません。テレビ番組で最も短いものは何ですか？」

誰よりも先に答えを言いたがる小学生のように、ティムが答えた。

「シットコム」

「いいでしょう。シットコムですね」

そう言いながらも、ウィルはその言葉をホワイトボードには書かなかった。

「でも、もっと短いものはありませんか？」

「30分より短いもの？」とソフィアが尋ねる。

「そうです。30分より短い番組はありますか？」

ミシェルがはっとした様子で答えた。

「CNNのヘッドラインニュース」

「正解です」

ウィルは嬉しそうに言った。難しい質問に答えてもらえたことに少し驚き、安心もしていた。そして、その答えをホワイトボードに書く。

「では、『ヘッドラインニュース』をどれくらい見ますか？」

「5分か、もっと短いこともあるな」とマット。

「どのくらいの頻度で？」

マットは肩をすくめる。

「毎日、だろう？」

ウィルは、「ヘッドラインニュース」に続けて「5分」「毎日」と書き込んだ。

「いいでしょう。番組の最初のカテゴリーと呼びましょうか、ヘッドラインニュースがあって、5分間ぐらい、毎日としましょう」

・ヘッドラインニュース：5分、毎日

話がどこに向かっているのか、誰にもわかっていないようだったが、ウィルは続けた。

「そして、次のカテゴリーにシットコムがあります」

ホワイトボードにそれを加え、「やドラマ」と付け足した。

「シットコムと、刑事ものや病院ものなどの1時間ドラマは、ひとまとめにします。これらをだいたい1時間としましょう。このようなシットコムやドラマは、どれくらいの頻度で見ますか？」

答えはわかりきっているので、「1時間」「毎週」と書く。ウィルは、自分が何を言おうとしているのか誰にもわからないだろうと思った。だが、みんなの関心を引き戻すことはできた。今はそれが何よりも大事だった。

・ヘッドラインニュース：5分、毎日
・シットコムやドラマ：1時間、毎週

「さて、次は映画です。長さは2時間としましょう。テレビで観たり、映画館に行ったりするのは、毎月1回ぐらいでしょうか」

コナーが「君には子供がいないからね」とからかい、子持ちの役員が笑った。ウィルは、先ほどホワイトボードに書いた文字の隣に「映画」「2時間」「月1回」と書き加えた。

・ヘッドラインニュース：5分、毎日
・シットコムやドラマ：1時間、毎週
・映画：2時間、月1回

「そして、最後には……」

次に書く内容を推測する者がいるのではないかと思い、間を置いた。だが、誰も答えそうになかったので、リストの最後に「ミニシリーズ」「6時間以上」と並べて書いた。

・ヘッドラインニュース：5分、毎日
・シットコムやドラマ：1時間、毎週
・映画：2時間、月1回
・ミニシリーズ：6時間以上

「ばからしいと思うかもしれませんが、我慢してください。では、テレビ局が、視聴者を満足させることができ、毎週放映される2時間の新番組を考えたとしましょう。一部はミニシリーズで、一部は映画。一部はシットコムと犯罪ドラマで、一部はヘッドラインニュースになっています。そんな番組があったとしたら、見るのはどんな視聴者でしょうか？」

ミシェルが答える。

「誰も見ないわ」

「なぜですか？」

「だって、意味がないじゃない。シットコムにしては長すぎるし、ミニシリーズにしては長さが足りないし、それに、どうやってそこにヘッドラインニュースを入れるの？」

「映画も含まれるという点については、どうでしょう？」

ウィルはソクラテスの対話法をまねてみた。今度はコナーが答える。

「他にもいろいろな番組が盛りこまれているし、ひどい映画になるだろうね」

ウィルはわざとゆっくりペンを置き、いささか困惑している役員たちに目を向けた。

「でも私たちは、毎週の会議でこれと同じようなことをやっていますよね。なぜですか？」

何人かに知的なひらめきが見えたが、まだ気づいていない者もいる。しっかりと理解してもらうために、ウィルはさらに話を進めた。

「月曜の朝の退屈な会議では、達成しようとすることが多すぎます。だから私たちは、何ひとつ達成できないのです」

「でも、それがシットコムとどんな関係が？」

ティムが詳しく知りたがる。

「こう考えてみてください。私たちは、それぞれの視聴者に合わせた4種類の番組を持つべきではないかと」

「何が言いたいのかよくわからない」

ティムの言い方は批判的だったが、それがティムのスタイルなのだ。

「視聴者はひとりだけ？　ということは、ヘッドラインニュースを見るのも、シットコムや映画やミニシリーズを見るのも同じ人という意味？」

ここでケイシーが口を挟んだ。

「ウィルが言っているのは、コンテクストのことだと思う」

ウィルは啓示を受けたかのような顔つきでボスのほうを向いた。

「そういうふうに考えたわけではないですが、おそらくそうです。コンテクストです」

ケイシーの気づきに急に力づけられたウィルは、そのコメントについて考えてみた。ケイシーが説明を続ける。

「シットコムを見る人は、映画を観に行ったり、空港でヘッドラインニュースを見る人とは全然違うことを期待しているからな」

ケイシーはウィルのほうを向き、先を促した。

「そのまま、講義を続けてくれ」

毎日の確認会議

ケイシーのフォローに助けられ、ウィルは進めた。

「単刀直入に言います。私たちは、毎日5分間のヘッドラインニュースから始めるべきです。毎日の確認会議とでも呼びましょうか。つまり、会議室に集まって、立ったまま、その日にやることを発表するだけです」

マットが抵抗する

「毎日？」

「毎日です。毎日たった5分で、数えきれないほどのメールや留守番電話、さらには誰かの部屋へ行ってあれこれ尋ねなくてもすむのです。私はその中継点にいるのでよくわかります。『今日はケイシーはいる？』『午後のマーケティング報告には誰が出席するの？』『ケイシーは弁護士とのフォローアップを僕にやってほしいのかな？ それともティムかな？』といったやりとりがなくなるのです」

ウィルの口真似に、全員が苦笑いを浮かべた。

「お互いの毎日の予定を確認するだけのためにどれだけの時間がかかっているか、ご存じですか?」

みんな、ようやくわかってきたようだ。

- ヘッドラインニュース:5分、毎日 → 毎日の確認会議
- シットコムやドラマ:1時間、毎週
- 映画:2時間、月1回
- ミニシリーズ:6時間以上

次にケイシーが質問した。

「でも、オフィスにいないときはどうするんだ? 毎日やるのは非現実的というか、不可能じゃないかな?」

ウィルは少し考えた。

「たとえオフィスに3人しかいなくても、確認会議は毎日やるべきです。それだけでも意味がありますから。まずはその3人で共通認識を持てます。さらに、外出中の人が電話してきて、誰かの予定を知りたいと言ったら、すぐに伝えることができます。ほんの5分の

話です。能力の高いみなさんがたった5分を割けないとは信じられません」

一同がうなずいて、全員が同意したように思えたが、マットだけは腑に落ちないといった様子だった。

「毎日、お互いに伝えておくべきことなんてあるのかな?」

ウィルが待っていた質問だった。

「何もなければ、会議は15秒で終わります。でも、今ポケットに入っている7ドルを賭けてもいいですが、実際には会議を5分以内で終わらせることのほうが大変だと思います。ちなみに、これは大切なことです。毎日の確認会議が、毎日の役員会議になっては困りますから」

ティムもうなずいた。

「なるほどね。続けて。シットコムとドラマはどうなるんだ?」

ウィルはひと呼吸入れた。こうして、ひとつは片付いた。残るは3つだ。

毎週の戦術会議

「では、次に役員会議について話します。これこそ、シットコムやドラマに相当する会議です。毎週行われ、同じバットタイム、同じバットチャンネルです」

みんなに『バットマン』からの引用が通じたようで、ウィルは嬉しくなった。

「シットコムでは、一体何が起こるのか、それがどれくらい続くかが、はっきりしています。そして、問題が必ず解決することもわかっています。大した刺激はないし、誰かの人生を変えたりもしない。でも、一貫していて、おおむね期待どおりなので、結局は満足できます」

「よくわからないのだが？」

ケイシーは、ウィルの言っていることを理解しようと頭を働かせた。ウィルは、比喩を使いすぎて大事なメッセージが伝わらなくなることを恐れて、できるだけそのまま話すことにした。

「つまり、毎週の役員会議は戦術的な議題だけに的を絞る。時間は1時間以内とする」

そう言って、一息置いてから、とりわけ議論を呼びそうなことに触れた。

「そして、議題はありません」

ケイシーが何か言う前にコナーが割り込んだ。

「今、何て言った？　それでは現状より悪くならないか？」

「いいえ、会議は飛躍的に良くなるはずです。この会議では、全員がその週の予定について1分間で報告することから始めます」

ウィルは「毎週の戦術会議」とホワイトボードに書く。

- ヘッドラインニュース：5分、毎日　↓　毎日の確認会議
- シットコムやドラマ：1時間、毎週　↓　毎週の戦術会議
- 映画：2時間、月1回
- ミニシリーズ：6時間以上

「クイズ番組のライトニングラウンド（訳注：制限時間内にどれだけ多く答えられるかを競うゲーム）みたいだな」

ケイシーの言葉にウィルは笑った。

「たしかにそうですね。とにかく、出席者それぞれが順番に、その週に予定している主な仕事を3つずつ報告します。ひとり1分で」

報告を1分にまとめなければならないと聞き、困惑をごまかすような笑いが広がった。

「たった1分？」とマット。

ウィルが答える前に、コナーが手を上げた。

「質問があるんだけど。こういうことを一体どこから仕入れてきたんだい？」

一瞬にして、全員の好奇心は、会議の分析という知的なものからウィル個人へと向けられた。ソフィアがにこにこしながら「私も同じことを考えていたの」と言った。予期せぬ展開にウィルは「どこと言われても……」と答え、質問がそれで終わってくれるよう願った。

「どうなんだい？　どこかで教わったんだろう？」

コナーがしつこく答えを求めてきたので、ウィルは呼吸を整えた。

「母の影響かもしれません。母は何年もある企業の幹部でしたので、こういうことに慣れているんです」と言ってから、もっと説得力のある説明を探して言いよどんだ。「それで、私も興味を持ったんです」

しばらくの間、その場の全員がウィルのことを観察しているようだった。めずらしいものか、ませた弟でも見るかのように。ウィルはどうにかして自分に向けられた注意を逸らしたかった。

「毎週の報告が1分で足りるかどうかという質問でしたね？」

マットがうなずく。

「ランチに何を食べるかを決めるのだって、もっとかかる」

「わかりました。私の仮説を試してみましょう」

ウィルはそう言いながら、ティムに目を留めた。

「今週予定していることを3つあげてください」

突然の名指しでティムは慌てた。

「えっと、ちょっと待って。木曜日に予算会議があるな。そのための準備が大変だ……。いくつか新しい法律事務所との面会がある。経費削減で弁護士を変えるべきかどうかを検討するんだ。他に何かあったかな？　ああ、そうだ。通りの向こう側にオフィスが増設できる場所を探すべきかを検討する設備計画会議があった」

「相談するのはどこの法律事務所ですか？」

ウィルが聞いた。

「カーメルのエバラード・ディベイ&ガルベス、それから、サンノゼのカールソン・ビーンズ&シュルツだ」

ウィルは時計を見た。

「37秒です。何も準備しないで、ですよ。私が確認のためにした補足質問まで含めてです」

表情から察して、ウィルはみんなが納得したと思い、さらに話を進めた。

「全員の報告が終われば7分です。それから議題を決めるべきです。会社で実際に何が起こっているかがわかりますから。ケイシーも、他の方々も、実際にみんながやっていることを把握してこそ、戦術会議で話し合うべき課題が見えてくるはずです」

ケイシーの懐疑的な様子が気になって、ウィルは「どうかしました？」と尋ねた。ケイシーは少し考えてから、「何か忘れているようだ」と言い、また考えをめぐらせた。

「議題をまとめる前に、みんなの作業リストだけでなくもっと多くの情報が必要だと思う」

「どんな情報ですか？」

「そうだな、スコアカードとか経過報告とかが必要じゃないかな。短期目標についての現状を把握してから、会議で話し合うべき課題を決めたほうがいいのでは？　4つから6つぐらいの判断基準をはっきりさせよう。決して多くはないが、だいたいのことはわかる」

マットもうなずいている。

「それはいいですね。でも、何を基準にしますか？」

ケイシーは考えながら答えた。

「さて、収益と経費は当然のこととして、製品開発の現状と主要顧客の浸透力。そんなところだろう」

ウィルが尋ねた。

「それらを検討するのにどれくらいかかりますか？」

「10分かな。いや5分で足りるかもしれない」

ケイシーが何を言いたいのか、ウィルにはわかった。

「よくわかりました。主要な判断基準を考慮に入れないで、自分たちの活動だけに基づいて議題を決めると、どこに重点を置くべきかがわからないかもしれない。誰のレーダーにも引っかからない何かが起きている可能性があるということですね」

今度はミシェルが加わった。

「他にも知っておくことはないかしら？　社員の退職率とか、広告効率とか」

ケイシーが首を振った。

「いらないだろう。多すぎる情報は混乱を招くだけだ」

そして笑いながら付け加えた。

「今の会議の現状を見れば、僕が言うのもおかしいのだが」

ウィルは、ケイシーや役員からの意見がとても嬉しかったが、勢いを失いたくなかった。

「それでは、毎週の会議の話に戻りましょう。15分かけて、それぞれの現状、会社の目標に対する現在位置をはっきりさせます」

効果を狙っていったん言葉を切ってから、話を続ける。

「そこで、残りの時間で何を話し合うべきかを考えましょう」

「どうやって？」とミシェルが尋ねた。

ウィルは肩をすくめて答えた。

「そうですね、ケイシーだったらこう言うでしょう。『いいだろう、全体として何が起こっていて、どうなっているかがわかった。では、今週さらに前進するために、今日は何について話し合おうか？』。それで適切な話題が浮かんでくると思います」

「それはちょっと無理があると思う」

ティムはまだ、議題リストがなくなることに釈然としないようだ。

「会議を成功させる鍵は、事前に議題リストを用意し、きちんとした議事録を配布することだと聞かされてきた」

ウィルはまた肩をすくめるしかなかった。

「私は専門家ではないですが、これまで一度も素晴らしい会議に出会ったことなどありません。ですから、どうしてここで世間一般の見方に従う必要があるのかわかりません。それに、J・T・ハリソンは会議が常識的に行われたからといって大目に見たりはしないと思います」

ケイシーの反応で、ウィルは自分の失言に気がついた。J・Tが会議を批判し、脅迫めいたことを言ってきたのは、まだ誰も知らない。うっかり口をすべらせてしまった。

ミシェルが戸惑った表情で聞いた。

「何の話？」

J・Tの話をそらすために、ウィルは戦術会議の話題を深く掘り下げることにした。

「つまり、実際に何が起こっているかを共有しなければ、戦術会議にふさわしい議題や優先順位を事前に想定することなんてできないんです」

ミシェルは簡単には言いくるめられなかった。

「それはさっき聞いた。それで、そのことがJ・T・ハリソンとどう関係があるの？」

ウィルはケイシーを見た。穴があったら入りたい気分だ。

漏洩

ケイシーは大きくため息をつき、深呼吸した。

「もう知っているかもしれないが、J・Tはここの会議、というか私が仕切ってきた会議を酷評している。そのせいで、私の立場が危うくなっているんだ」

いつものとおりティムが真っ先に反応した。

「そんなばかなこと……」

ケイシーがティムの言葉をさえぎった。

「たしかにばかげているが、仕方ないんだよ。ウェイド・ジャスティンはJ・Tに自由にやらせているし、これが彼のやり方なんだ」

全員が暗い表情を浮かべ、これからどうなるのだろうと心配し始めた。ケイシーが続ける。

「それに……みんなも、私の会議には否定的だっただろう？」

コナーが口を挟んだ。

「ええ。でも、そこまででは……」

ケイシーが手で制すと、コナーもみんなも黙りこくった。

「J・T・ハリソンと彼のうぬぼれがどうであれ、たしかに、良くないところは直していく必要があると思う。いい会社にするためにね」

ウィルは、ボスをハグしたくなった。

そこでマットが口を開いた。彼はいつもどおり、感情に流されることなく、実務的な話に戻した。

「毎週の戦術会議について質問がある。最初の報告に続く議論を、どうやって45分以内に収めるつもりだい？」

ウィルは会議の話に戻ったことを喜んだ。この質問が来るのを期待してもいた。

「議題を絞るんです。戦術会議で取り上げるのは、戦術と目標に直接影響する問題だけにします」

「わかりましたよ、坊ちゃん先生」とティムはからかう。「でも、会議の最中、世界の飢餓問題を議題にしたり、素晴らしいゲームを思いついたりしたら、どうすればいい？」

ウィルは笑った。

「はい、それは次のプログラムの話ということで」

そう言ってホワイトボードに行きかけたところで、ソフィアが口を開いた。

「少し休憩をとりませんか？　コナーと私は、PGAオフィスと5分ほど電話で話さなくちゃいけないの。だけど、この話は聞いておきたいわ」

ケイシーがうなずく。

「いいだろう。10分後に再開しよう。10分後だよ、11分後じゃなくてね」

みんながドアに向かったが、マットがケイシーのところにやってきた。そして、どれぐらいJ・T・ハリソンが嫌いかを打ち明けた。マットが去ると、ケイシーはウィルのほうを向いた。

「うまくいくといいな」

笑ってはいたものの、半ば期待していないのが伝わってきた。

G2

ウィルは不安も感じながらも、10分の休憩時間でできるだけ調べ物をすることにした。自分の席に戻り、最近できた社内の友人、マディ・ペイトンに電話をかける。プレイソフト社の子会社の社長のもとで事務アシスタントを務める女性だ。

マディはデスクにいた。彼女に連絡がついたことにホッとしたウィルは、急いで尋ねた。

「モントレーのウィル・ピーターセンです。ちょっと急なお願いがあるんだ」

「お聞きするわ。ところで、モントレーは今日もいい天気かしら？」

ウィルは外を見て「ちょっと曇っている」と答えた。

「よかった。シカゴが雨なのに、そっちがいつものようにパラダイスな空模様だったら悔しいものね」

ふたりは笑った。

「それでご用件は、ウィル？」

「まず、ゲームショウの手伝いで、明日シカゴに行くことになっているんだ」

「あら、うれしい。ようやく会えるのね」

「ああ。明日の午後、君を探しに行くよ。でも、電話した理由はそれだけじゃない」

そして、少したためらってから言った。

「変な質問だけど、J・T・ハリソンについて、どれぐらい知っている？　彼はこっちの責任者で……」

マディがさえぎって言う。

「ええ、J・Tのことは知ってるわ。でも、なんでそんなこと聞くの？」

正直に答えるわけにはいかなかった。

「いや、先週彼に会ってね。ときどきこっちのオフィスに来るって聞いたから、どんな人なのか知りたくなったんだ。それだけだよ」

マディの反応がないので、ウィルは続けた。

「有名な人らしいけど」

するとマディが話し始めた。声の調子が素っ気なくなった気がした。敵意とまではいかないが、まるで距離を置くかのように。

「そうね、私は何度か会ったことがあるわ。合併後、毎月1回、ニックに会うためにシカゴに来るようになった。普通の人に見えたけど」

彼女が何か隠しているようだ。

「ニックとは仲がいいのかな？　ニックはＪ・Ｔに会うのを楽しみにしているの？」

マディは少し間を置いてから口を開いた。その声は親しげなものに戻っていた。

「率直に言うわね、ウィル。合併してからの２〜３カ月は大変だった。私なんて会社を辞めることまで考えたわ。ニックもね」

「Ｊ・Ｔが原因で？」

ウィルは、気の利いた聞き方など思いつけなかった。

「答えられることはひとつしかないわ。誰にも言わないってニックに約束させられたから」

ウィルは、はやる気持ちを抑えられなかった。

「わかった。それは？」

「それで終わり」

「どういうこと？」

「だから、何があったか誰にも言わないってニックに約束したの。話せるのはこれだけ。あとは自分で考えて」

ウィルは、証人保護プログラムの庇護下にある人と話しているような気がした。

「マディ、あとひとついいかな？」

「何かしら」

「なんでニックは会社に残ったのかな？　今はうまくいっているの？」

マディは小さく笑った。

「ひとつだけって言ったのに」

「ごめん、さっきのは嘘だ」

「ウィル、あなた、いい人ね」

ウィルには彼女が何を言わんとしているのかがわかった。

「だから、あなたの質問に答えられないのがつらいのよ。本当にごめんなさい、許してね」

ウィルは謝罪の言葉を受け入れ、了解したと伝えた。それから、少し重くなった空気を振り払おうと、からかうような口調で言った。

「急に雲が切れて、きれいに晴れ上がってきたよ。またいつものパラダイスな一日になりそう」

「もう、悪い人ね」

マディが笑った。ウィルは感謝の言葉とともに電話を切った。そして頭の中でつぶやいた。

「一体、この会社はどうなっているんだ？」

毎月の戦略会議

ウィルが2階の会議室に戻ると、みんなが席につくところだった。場の空気が変わっている。先ほどより真剣で深刻で、張りつめている感じだ。

ケイシーが口を開いた。

「ではみんな、始めよう」

「それでは、先週までのお話は……」

連続テレビドラマ風の言い方に、みんなが笑う。

「先ほどのマットの質問は、『毎週の戦術会議』の議論をどうやって45分以内に収めるか、でした。この質問は、まさに次のタイプの会議に結びついています。『毎月の戦略会議』がそれです」

そう言うと、ウィルはホワイトボードまで歩き、「毎日の確認会議」と「毎週の戦術会議」に並べて「毎月の戦略会議」と書き入れた。

・ヘッドラインニュース：5分、毎日　↓　毎日の確認会議

・シットコムやドラマ：1時間、毎週　↓　毎週の戦術会議
・映画：2時間、月1回　↓　毎月の戦略会議
・ミニシリーズ：6時間以上

「毎週の戦術会議の場では、誰かが『さあ、市場の新しい競合について話し合おう』『ESPNとのジョイントベンチャーを検討すべきだ』、あるいは『広告戦略を見直そう』などと言い出したとしても、みんな、その衝動を抑えなくてはなりません」

「衝動だって？」

マットが説明を求めた。

「はい。面白くて大切な議題ではあるけれど、短期的な目標の達成にはまったく関係ないことについて、話したくなる衝動です」

ソフィアが思わず口を挟んだ。

「でも、そういう話こそ、会議で唯一……いえ、一番価値があることなんじゃないの？」

ソフィアが口を滑らせそうになったのを見て、みんなが笑った。ウィルは再び活気づいた。

「そこが肝心なところです！　たしかに、一番面白くて大切な議題です。そもそも、ビジ

ネスを始める理由はそこですから。自らの分析スキルと経験、それに重要な問題を解決するための直観を駆使して、議論を戦わせ合うこと」

「だったらどうして、毎週の戦術会議でそういう話をしちゃいけないの？」

ソフィアが食い下がる。

「2つの問題があるからです。どちらも大きな問題です」

ウィルは再び、話しだした。

「第一に、毎週の戦術会議では、重要な問題を掘り下げる時間がありません。議論をしたところで、中途半端に終わり、細切れで、あわただしくて、十分な結果に終わることになります」

そう言うとウィルは、反論する余地を与えるために、いったん黙った。

「第二に、仮に時間があったとしても、みんなの思考を戦術から戦略の問題にシフトさせるのは、ほとんど不可能だからです」

ケイシーが付け加えた。

「それこそが、私が先ほど言ったコンテクストだ」

「そのとおり」

ウィルは、みんながわかったかどうか定かではなかったので、たとえ話をすることにした。

「テレビを2台並べて、映画の『ドライビング・ミス・デイジー』とシットコムの『HEY！レイモンド』を同時に観ると想像してください」

このたとえはみんな気に入ったようだったが、足りなかったようだ。

「あるいは大統領が、テロや国防についての会議の席で、ホワイトハウスのクリスマスツリー点灯式のことを議題に挙げたとしたら？　あまりに非常識じゃありませんか？」

ケイシーは深呼吸をひとつして、口を開いた。まるで、自分がこれまでしてきたことがまったく意味がなかったと気づいたかのように。

「戦術会議の場で戦略的な問題を話し合おうとしても、気が散るだけだ。それでは、ビジネスを追求するのに不可欠な、短期的な問題の解決が難しくなる」

この一言は、ティムの神経を刺激した。

「まったくそのとおりだ！　次の四半期や翌年度の話にばかり夢中になって、翌週、それどころか翌日に何をするべきかさえ、何の結論も得られないのだから！」

激しい口調で、熱く語り始めたCFOを見て、一同の顔に笑みが浮かんだ。ウィルはその勢いを失いたくなかった。

「だから、そういった興味深い長期的な戦略的課題を、十分な時間をかけて検討できる機会があるまで持ち越すという自制心が必要なのです」

ケイシーが不意に質問した。

「だが、次の月例戦略会議まで待てない場合や、すぐに対処しなければならない問題については、どうするんだ？」

「大丈夫です」

ウィルは楽しくなってきた。そして、（自分は本当に教授になるべきかも）と一瞬思った。

「緊急の問題であれば、その日の夕方に月例戦略会議を開けばいいんです。『臨時戦略会議』とでも呼びましょうか。でも、毎週の戦術会議と一緒にしてはいけません」

ケイシーはうなずいて、ウィルのその答えをメモしている。

「質問していいか？」

そう言ったのはマットだった。

「その月例戦略会議で扱える議題の数は、いくつぐらいなんだ？」

ウィルはためらわず答えた。

「1つか2つですが、時間に余裕があれば3つです。肝心なのは、取り上げる議題が適切であることと、議論がしっかりと行われることです」

「ということは、その会議には議題リストが必要だね？」

ティムは相変わらず、議題リストにこだわっている。

「そうです。そのとおりです。このような会議において、議題リストは欠かせません。事前の調査と準備が必要な可能性がありますし、出席者にはあらかじめ議題について考えておいてもらいたいので。そうすることで、より良い議論ができますし、ありがちな裏付けのない話し合いを回避できます」

「2時間か3時間って言ったけど、会議は2時間じゃなくてもいいの？」

ミシェルが手を上げて尋ねた。

「そうですね……毎日の確認会議と毎週の戦術会議の時間は守りたいですが、毎月の戦略会議は別です」

ウィルはしばらく何か考えている様子だった。話しながら自分の仮説を修正していたのだ。

「そういえば、シットコムは30分と決まっています。それに、自分の好きな連続ドラマが突然45分に短縮されたら、混乱するでしょう。しかし、映画は別です。映画館に行くのに、『さあ、ぴったり93分間楽しませてくれ』と考えたりはしません。映画には、長いものもあれば短いものもあります。だから、毎月あるいは臨時の戦略会議では、制限時間にそんなにこだわるべきではないと思います。実際には、だいたいの時間、たとえば4時間程度取っておけば、予想以上に話が続いたとしても対応できます」

「4時間も？」

ティムの反応に、ケイシーが援護射撃をした。

「そういえば先日、マイクロソフトの話を聞いたよ。深夜まで、時には翌朝まで続く役員会議もあるそうだ」

「そうです。そういう戦略会議はみんなの興味をそそり、みんなを引き込むものなので、時間のことは二の次になります。3～4時間なんてあっという間です」

「じゃあ、自分の仕事はいつすればいいんだ？」

マットがいらいらした様子で言った。だがありがたいことに、ケイシーが自ら講義を進めようとしてくれた。

「わかった、マット。だが、私の挙げた3つの実例は、役員にとって何よりも大事なことじゃないか？　どんな実例だったかな？　ジョイントベンチャーのことと、新たな競合の脅威、それから……」

そう言いながら3つめを考える。答えたのはミシェルだ。

「新しいマーケティング戦略」

マットは、ボスの言うことを理解したといわんばかりにうなずいている。すると、ミシェルが念を押すように言った。

「それに、何年もかけてやるような重要な決定のためなら、時間なんて関係ないでしょう？」

ティムが、何か思いついたように笑い声をあげた。

「たしかにそうだ。面白い映画なら、どんなに長くたって気にならない。『ブレイブハート』なんか5回も観た。2日続けて観たこともある。暗い室内に6時間も座り続けたわけだけど、次の日には3回目を観に行ってもいいと思ったよ。残念ながら、一緒に行ってくれる人はいなかったけどね」

ソフィアは、ここぞとばかりにCFOをからかった。

「『ブレイブハート』を5回も観たのに、『サウンド・オブ・ミュージック』も『ゴッドファーザー』も観てないですって？　そんな人、まずいないわよ」

ティムが笑う。コナーが話を元に戻して質問した。

「毎月の戦略会議で話し合う議題はどうやって決めようか？」

「おそらく、議題を見つけるのに最適な場は毎週の戦術会議です。手に負えないような大きな問題や難問が持ち出された場合には、次の月例戦略会議の議題リストに保留しておけばいいのです」

ウィルが言うと、コナーが話を続けた。

「でも、きっと議題は尽きないだろう。どの議題を取り上げるかはどうやって決めるんだ？」

その問いにケイシーが答えた。

「重要な議題がどれなのかは、すぐわかるはずだ。あるいは、少し話し合ってみれば、誰の意見が最も説得力があるかわかるだろう。でも、これは正解があるような話題ではないんじゃないかな。主観の問題だから」

ウィルは、疲れているはずなのに、また力が湧いてくるのを感じた。みんなはすっかり議論にのめり込んでいるし、ケイシーもいくらか自信を取り戻したようだ。それにウィルは、自分の仮説が理にかなっているとわかり、いくらか安心していた。

だが、自分の仮説が受け入れられるだろうという自信とともに、J・Tが何らかの行動を起こす前に、みんながその仮説を実行に移せるかどうかが心配になっていた。

監督

ケイシーはこの点をはっきりさせようと、話を前に進めた。

「それで、リストには2つか3つの項目が載るわけだ」

「別に1つでもいいのです。本当に重要な議題は1つだけ、という場合もあります。その場合にはその1つに集中するべきです」

「そうだな。ところで、会議の組み立てについてはどうすればいいんだ？」

ウィルは笑みを浮かべて答えた。

「もう一度、映画のたとえに戻ります。いいですか、これは長編映画です。そして、この映画を素晴らしいものにするために必要なのは……」

誰かが続いてくれることを願って、少し間を置いた。意外にも、口を開いたのはマットだった。

「対立だ」

「そのとおり。この会議は、まさに長編映画によく似ています。ですから、このタイプの会議のリーダーは、自分が映画監督になったつもりでいなければいけません。最初の10分で人の心をつかみ、考え方の対立を深掘りし、結末に向けて進んでいく必要があるのです」

今や、役員全員がノートを取っている。みんなの食いつきのよさに励まされて、ウィルはさらに話を進めた。

「さて、いただいた30分は使いきってしまったようです。どなたか、代わりに最後のタイプの会議について話してくれませんか？」

その場にいた全員がひと呼吸つき、うなずいた。ケイシーも、ウィルに時間を与えることに同意した。ホワイトボードに戻ったウィルは、自分が疲れていると気づいたが、「がんばれ、あと少しだ」と自分を励ました。

四半期ごとの社外会議

たとえ話を考えるほどの元気はもう残っていなかったので、ウィルはすぐさま本題に入った。

「最後に必要なのが四半期ごとの社外会議です」

- ヘッドラインニュース：5分、毎日　→　毎日の確認会議
- シットコムやドラマ：1時間、毎週　→　毎週の戦術会議
- 映画：2時間、月1回　→　毎月の戦略会議
- ミニシリーズ：6時間以上　→　四半期ごとの社外会議

「それはもうある。四半期ごとではないにしても、年に2～3回は社外で会議をするんだ」

ティムが口を挟んだ。ウィルはそのことを知っていたので、刑事コロンボが容疑者に質問するときのような口調でこう尋ねた。

「ではお聞きしますが、その会議では何をするんですか？」

ティムが助けを求めてまわりを見回すと、ソフィアが口を開いた。

「いつもは、1泊か2泊でサンフランシスコやナパやタホに出かけるの」

「そこで何を？」

「午前中はビジネスの話をするわね。それから、スキーをしたり、ワインの試飲に出かけたりして、夜には素晴らしいディナーが待っている。パートナーを連れていくこともあるのよ」

コナーも口を出した。

「チーム対抗戦みたいなこともやるな。フィールドアスレチックとか人間ピラミッドとかね」

恥ずかしかった体験を思い出したのか、全員が低い声でうなった。

「ビジネスの話では、具体的にどんなことが議題になるんですか？」

役員全員が同時に肩をすくめる仕草をしたので、ケイシーが応じる。

「役員会議とだいたい同じだ。それと、次年度の目標について話し合ったりもする。販売目標、報酬……そんなところだ」

ウィルは、文句を言いたい気持ちを抑えながら、静かに言った。

「なるほど。社外会議のことはよくわかりませんが、私の知り合いに、とても優秀な経営者がいます」

「君のお母さんのこと？」

コナーが茶々を入れた。ウィルは苦笑しながら認めた。

「ええ、そうです。私の母です」

みんなが笑った。ケイシーが補足する。

「ウィルのお母さんは、8年間も、フリーモントの自動車工場の経営を指揮してきた。やり手の経営幹部だよ」

少し気恥ずかしく思いながらも、ウィルは続けた。

「ともかく、母はそういう会議を無意味だと言っていました。彼女にとっては無駄なことでしかないみたいです」

ミシェルが反論した。

「私はそうは思わない。家族との時間や私生活を犠牲にしている幹部は、たまには仕事を離れて、お互いのパートナーとも交流したほうがいいんじゃないかしら。個人的な付き合いも大切よ。それだけの価値はあるはず」

ウィルはミシェルの意見を聞いて、驚いた。

「母は、お金の無駄だと言ったのではありません。経営幹部にとって大切な、せっかくの話し合いの機会がまったく無駄になっているということです」

「どういうこと？」

「四半期に一度の社外会議では、毎日、毎週、毎月ごとの業務の束縛から一歩離れられます。それはつまり、さまざまなことを距離を置いて見直す絶好の機会だということです」

「見直すって、何を？」

そこでウィルは初めて、ノートに書いてあることを直に読み上げた。

「戦略、競合状況、モラル、役員チームの活性度、業績を上げた者、業績不振者、顧客満足度。長い目で見て、会社の成功にかかわると考えられるあらゆる物事。そして、毎週や毎月の会議では扱いきれないことです」

マットがお決まりの質問をしてきた。今度は穏やかな口調だ。

「たしかに、そういう議題を取り上げることも必要かもしれない。ところで、その会議にはどれだけの時間をかければいいのだろう？」

ウィルは戸惑った。

「どうでしょう?」

答えたのはケイシーだった。

「議題のリスト次第だが、だいたい2日ぐらいだろう」

マットが顔をしかめたのを見て、ケイシーが続ける。

「計算すると1年で8日になる。就業日数は全部で240日ぐらいかな? つまり3パーセントだ」

「それでも、2日もかけるつもりですか?」

マットは追及したが、ケイシーはすでに考えを変えていた。

「そうだ。誰が最も優秀か、どの落ちこぼれを救い上げるか、どの落ちこぼれに辞めてもらうかを決める2日間だ。ゴーボックスとゲームスターの動きを検討する2日間。お互いにフィードバックし合う2日間。戦略が通用しているかどうかを議論する2日間だ」

ソフィアはすでに賛成派になっていた。

「もう一度うかがいますが、私たちが今抱えている仕事に、そういう話し合い以上に重要なことなんてありますか? みんながどう思っているか知らないけど、そういう会議をまだやっていないのって、恥ずかしいことじゃないかしら」

これには誰もが納得しているようだ。マットでさえ例外ではない。ケイシーが手を上げて口を開いた。

「みんながどう考えているかはわからないが、こういう会議で私が進行役を務めるのはたぶん無理だ。コンサルタントの手を借りたいと思うんだが、どうかな？」

コナーが尋ねる。

「社外会議に限った話？　それとも会議全般について言っている？」

「社外会議のつもりで言ったんだが、他の会議についても考えておいたほうがいいかもしれないな」

ミシェルが発言した。

「四半期の会議を手伝ってもらうのは賛成よ。頭の良さをひけらかしたりしない適任者が見つかればの話だけど」

誰もが、そのタイプの厄介な進行役を知っているのか、ミシェルの言葉にうなずいた。

「それなら、最適な人間を知っている」とケイシーが熱をこめて言った。「ビジネスを学ぶために時間はかけるが、何事にも出しゃばったりはしない。ただ手伝うだけだ。いるのかいないのかわからないほどだよ」

ウィルはもう少し明確にしたかった。

「その他の会議では、どうでしょう?」

ミシェルが首を振った。

「いらないと思う。毎日や毎週の会議には、進行役はケイシーでいいんじゃない? 月例の会議は……どうだろう。でもそれって、外部の人間にわが社の情報を教えるようなものよね」

マットも賛成する。

「ああ。誰にしても社内の人間がいい。ウィルみたいな」

誰も何も言わなかったものの、誰もがこの疑り深い同僚が言ったことがいかに重要かを理解した。マットがウィルを認めるのは、とても大きなことだった。

ケイシーが時計を見てからウィルに視線を向けた。

「そろそろ予定していた議題に戻る時間だ」

これは意見というよりウィルへの問いかけだった。ウィルは、もう少し話を続けることもできたが、それより、いい雰囲気の中で会議を終えたかった。

「はい、そうですね。4種類の会議については、十分に話し合えたと思います」

ウィルは、話題が変わったことに安心した。だが、自分のいない間に(例の会議までに)ケイシーと役員たちが、今日挙がったアイデアを実行に移せるかどうかについては、少し懐疑的だった。

シカゴの靄

2日後の深夜、ウィルはミシガン湖のネイビーピアを歩いていた。気持ちは混乱し、落ち込んでいた。自分がケイシーに与えたものは、これから数週間を生き延びるための一か八かの方法にすぎなかったのだろうか？　自分のキャリアは、この先どうなっていくのだろう？　自分は、世界一学歴の高い展示会ボランティアなのだろうか？

いずれにしても、自制心を失っている今の状況は耐えられそうにない。いつまでも悩み続けるタイプではないウィルは、今ある選択肢について考えた。予定どおりシカゴにもう1週間とどまったら、頭がどうにかなりそうだ。さらに気がかりなのは、ケイシーが苦労して始めようとしている新しい会議が、失敗に終わるかもしれないことだ。

このタイミングでシカゴを離れれば、展示会で知り合った新しい仲間たちに迷惑をかけることになる。さらに、ケイシーを怒らせてしまう可能性だってある。だがウィルは、こう判断した。

（今重要なのは、ケイシーの仕事を守ることだ。だったら、リスクを冒すだけの意味があ

る）

翌朝、ウィルはカリフォルニア行きの飛行機に乗った。

解決

5

失うものなどない

その日の午後遅く、ウィルは会社に到着した。ケイシーが外出していたので、ウィルは自分の席で会議の文書をまとめ始めた。このアイデアをケイシーと役員たちに徹底させると心に決めていた。それさえできれば、J・Tとウェイドがやってくる翌週までに計画を進めることができるに違いない。

しかしケイシーを待っている間にも、ウィルは、早々にシカゴを離れたことをどう弁解したらいいものかと不安になっていた。一方で、この仕事にしがみつく必要はない、とも思っていた。

「クビになっても、ケイシーの手助けはできる」

でも、会社もケイシーも、それを許してくれるのだろうか？

「どうしてこんなことになったんだ？」

ウィルは思わず声に出した。

「どんなことになったって？」

ケイシーの声に驚いたウィルは、椅子から転げ落ちそうになった。

「そこにいたんですか。驚かさないでくださいよ」

今度は聞き方を変えて、「どうなっているのかな、ウィル？」とケイシーは言った。ウィルは立ち上がった。

「ここだけの話にしてくださいよ」

ふたりはケイシーの部屋に移動し、ドアを閉めた。

さっそくウィルは説明を始めた。

「よく聞いてください。僕にとってはこの仕事はどうでもいいんです」

ケイシーは怪訝そうな顔をした。

「いえ、本当は大問題です。でも、クビになってもかまいません。ただ、あなたが辞めさせられないように何とかしたいだけなんです」

ケイシーはウィルの言葉に胸を打たれると同時に、改めて自分の厳しい状況を突きつけられ、うろたえた。結果はどうであれ、言葉にしないうちは現状よりましに思えるものなのだ。

ケイシーの反応を待たずにウィルは続けた。

「あなたには、この会社を手放さなくていい権利があります。たった1回の会議であなたが会社を手放すことになるのなら、私がシカゴでパンフレットを揃えたり、ピカピカのペーパーウェイトを記者たちに配ったりする意味がなくなってしまいます」

「でも、どうすることもできないとは思わないか、ウィル？　彼はもう決めたと言っている」

ケイシーはいら立ち、やけになっているようだった。

「そうは思いません」

心からそう言えるのか、ウィルは自分でもわからなかった。でも、今のケイシーにはこの言葉が必要なのだ。

「彼の気持ちが変わる可能性は低いとしても、やれるだけやってみませんか？」

ウィルの言葉にケイシーの心は揺さぶられた。その姿は、ウィルの父ケンがかつてケイシーにゴルフを教えてくれたときの様子によく似ている。

ケイシーはうなずくと、こう言った。

「それで、何をすればいいんだ？」

詰め込み

それからふたりは数時間かけて、ウィルが準備した資料を見直した。そして、J・Tとウェイドの反応を先回りして推測し、会議の議題について話し合った。ふと、ケイシーがウィルに質問した。

「ところで、どんな会議になると思う？」

時差ボケと空腹に襲われていたウィルには質問の意味がわからなかった。見かねたケイシーが、今度はわかりやすく説明する。

「1週間ごとの戦術会議なのか、月例会なのか、それとも3か月に1回の社外会議なのか……毎日やっている報告会じゃないことだけはたしかだろうけど」

ウィルは少し考えてから言った

「それは……」

ウィルが答える前にケイシーが言う。

「月例会だよ」

ウィルはうなずいた。ボスと同じ考えであることが嬉しかった。

「私も同意見です。でも、なぜそう思われるんですか？」

「2〜3時間の会議となると、月例会議だ。それに、今さら報告会や数値指標の見直しをしたところで、J・Tに良い印象を与えられるわけではない」

ウィルは、これはうまくいくかもしれない、と思った。ケイシーが続ける。

「いくつかの重要な問題に取り組んで、J・Tが求めているものはすでにあるというところを見せつけるんだ」

ケイシーはウィルが立てた仮説を心から理解し、賛成していた。そして、J・Tに対する怒りよりも、今はただ、勝つことだけに集中していた。

ふたりはオフィスを出て、レストランで夕食を取りながら、会議では最終的にどの問題を取り上げるかについて、2時間話し合った。

スクラム

次の日の朝、ケイシーは直属の部下全員を集め、緊急会議を開いた。マットとティムは先約があったために会議の出席をしぶったが、ケイシーにしてはめずらしく、スケジュールを調整してでも遅れずに参加するように命じた。

会議室に全員が集まると、ケイシーが話し始めた。

「この会議の目的は、別の会議についての話し合いだ。知っているとは思うが、我々の会議を視察するため、来週、J・Tとウェイドがやってくる予定だ。また、これもみんなが知ってのとおり、私には圧力がかかっている。まあ、それはどうでもいいことだが」

役員らは戸惑った様子で互いに顔を見合わせた。

「将来をあれこれ思い悩むのはやめよう。私たちにはどうすることもできない……ただ、来週の会議をこれまでになく最高のものにしよう」

テーブルを囲む顔に、理解し始めた様子が見て取れた。すると、ティムが口を開いた。

「では、今ここで、来週の会議をどういうふうに進めるかを話し合うということだね」

一見、ティムは思ったことを言っただけのように見えたが、ケイシーにはすぐにそれが質問だとわかった。

「いや、これだけは言っておきたい。来週の会議はショーじゃない。だからリハーサルをやるつもりはない。ただ準備万端整えて、当日の会議ではこれまでなかったほど厳しい議論を戦わせ合うんだ」

ケイシーの言葉に、部屋じゅうが一気に活気づいた。ウィルは興奮と不安の両方に包まれていた。マットが手を挙げた。

「詳しくはどうするんだ？」

「まだ決めてないが、そこが肝心だ。議題を決め、必要な調査をできるだけすませる。そして来週の会議に臨む。あとはロックンロールだよ」

ケイシーらしくない開き直りに、全員が笑った。

「ロックンロール？」

コナーは自分のボスをからかわないではいられなかった。ケイシーも笑い、自分を笑いのネタにするチームの一員であることが心地よかった。

「そうだね、僕のスタイルじゃないかもしれない」

ウィルは、なぜこの男のことがこんなに好きなのか、改めて思い出した。ケイシーが続ける。

「ともかく、ポイントは同じだ。私たちはありのままで、ドラマチックかつ効果的な月例戦略会議になるよう準備をするしかない」

すると、ティムが困り顔で言った。

「報告会とか、そういうのはやらないんだね？」

「やらない。あくまでもこれは戦略会議だ。議題も2つに絞ろうと思う。今ここで、その

2つを決めよう」

みんな、誰かが口火を切るのを待っている。そこで、ウィルが提案した。

「それぞれ、来週の会議で話し合うのに適切だと思う問題を1つずつ書き出してみましょう」

役員たちは少し考えてから意見を書き出し、ケイシーがそれぞれの案を聞いてまわった。

- マット……新製品
- ソフィア……主流テレビゲームへの進出
- ミシェル……競合他社の買収
- ティム……販売職以外の雇用凍結
- コナー……役員報酬の40パーセント増加

コナーが出してきたのは冗談半分の案だったが、真面目な案もあった。

- コナー……広告予算をPGAゴルフのスポンサーシップに回す

「ありがとうございます。投票する前に、各自、自分のアイデアが採用されるべきだと思う理由を60秒で話してください」

それから10分ほど、役員たちはそれぞれ自分の案について説明し、時には追加説明を求めて議論した。そのようなやりとりが終わると、ケイシーが最後に言った。

「みんな、それぞれ2票ずつ持っている。1つのアイデアに2票投じても、1票ずつ別々のアイデアに入れてもいい。でも、自分のアイデアには投票しないこと」

結果、2つの案が圧倒的に票を集めた。主流テレビゲームへの進出と、広告予算をPGAゴルフのスポンサーに回す案だ。ケイシーはその結果をみんなに伝えた。

「よし、この2つが議題になった。みんなの投票の結果だ。あとから文句は言わないこと。それよりも、来週に向けて必要な調査を始めてくれ。質問はあるか？」

すると、ティムが手を挙げた。

「それぞれ担当者を決めておかないか？　議題に関する調査をまとめたり、来週の会議で話し合いを仕切る人が必要だと思う」

「それはいいアイデアだ。PGAスポンサーの議題はコナー、ゲーム分野の拡大はソフィアが担当してくれ。まず、それぞれどんな調査が必要か考えてほしい。それから、明日の確認会議でみんなの割り振りを話し合おう」

そう言ってケイシーは締めくくった。

「それじゃあ、みんな、仕事に戻ってくれ」

みんなが散らばっていくのを見ながら、ウィルは思った。

(ここは、2カ月前に自分が入った会社と同じ会社なのだろうか?)

リサーチ

翌週、コナーとソフィアをはじめとする役員たちは、売上高と今までの予算を調べ、いくつかの仕入先と顧客の調査を非公式に行った。

毎日開かれる報告会議に出る以外、ケイシーは調査には加わらず、来るべき月曜日に向けてできるだけ中立の立場を保った。一方で、自分が会議で果たすべき役割についてウィルと話し合いを重ねていた。

大事な会議の準備を進めるにつれて、役員たちに興味深い変化が見られた。彼らの士気が上がってきたのだ。

ソフィアとコナーは、社内に残って調査結果をまとめるチームのために何度となく夕食をオフィスに届けた。役員たちの間でも、調査に加わった社員の間でも、廊下で盛んに話し合う姿が見られるようになり、誰が最初に競合他社の情報を見つけ出せるかという競争さえ自然に発生していた。

この共同作業のおかげで、かすかにではあるが、オフィスに変化が見られた。だが、その変化をもたらした本当の理由を知る者はいなかった。

金曜日の午後、ケイシーは手短に話し合うつもりで役員たちを招集した。しかし、なんと驚いたことに、彼らから熱意が失われていた。

「どうしたんだ？」

ソフィアがまず答えた

「コナーのチームはどうか知らないけど、そろそろみんなの考えがまとまってもいい頃なのに、私たち、何もかもがまだバラバラなんです」

ソフィアの言葉に、コナーもうなずいている。

「うちのチームも同じだよ。でももっと問題なのは、我々のデータが完全ではない気がする、ということなんだ。月曜日までにきちんとした提案なんてできそうもない」

するとケイシーはほほえんで言った。

「君たちは、自分がやってきたことを見失っているんじゃないか？　具体的な提案ができなくても、君たちの意見が一致しなくても、そんなことは問題じゃない。むしろ意見が一致するほうが心配だよ」

2人はまだ戸惑っているようだった。ケイシーはさらに続けた。

「それこそが会議の目的だよ。会議が始まって、議論を交わし、自分たちの考えを検証するリアルなデータを見るのが楽しみだ。それでも結局は、決定には至らないかもしれない。最終的には、主観的な判断に任せるしかないだろう。でもそれが面白いんじゃないか」

ケイシーはうまく隠していたが、彼の中から不安が消えたわけではなかった。

「それじゃあ、みんな、いいね。月曜日に会おう。万全の準備を」

ケイシーの言葉が役員たちの不安をいくらか軽くしたのはたしかだが、先ほどまで部屋に満ちていた彼らの恐怖心を完全に拭うことはできなかった。

ウィルは、全員が同じことを考えていると確信していた。

（次の会議が我々の最後の会議になるのだろうか？）

試合開始前

月曜日、ケイシーは夜明けに目覚め、そのまま眠れなかった。彼は知るはずもなかったが、ウィルもまた、ケイシー同様に眠れなかった。

ケイシーは7時半にはデスクに座っていたが、何をすべきかわからなかった。その10分後、出社してきたウィルはまっすぐにケイシーの部屋に向かった。

ケイシーは挨拶抜きでウィルに告げた。

「彼は来ないそうだ」

「J・Tですか？」

ウィルは驚いて尋ねた。

「いや、来ないのはウェイドのほうだ。今朝の5時半に、彼のアシスタントから留守番電話が入っていた」

「何と言っていました？」

「他にやらなければならないことがあって、たぶん来られないだろうって」

「それはいい知らせですよね？」

ウィルは望みを捨てていなかった。

「J・Tは予定どおりに来るけどね。それに、ウェイドはJ・Tに全幅の信頼を置いているそうだ」

ウィルはケイシーに、心配はいらない、そのメッセージはよい知らせだ、と言いたかったが、ボスの考えを否定するようなことはしたくなかった。

その後の30分間、ふたりは会議のことには触れず、友人同士としてのおしゃべりを楽しんだ。ビジネスの話はまったくしなかった。モントレーについて、互いの家族や近所の教会について、最近の出来事、ゴルフ、天候など、会社以外のあらゆることに話は及んだ。

ウィルは、ケイシーの気を紛らわすことができて嬉しかった。ケイシーをリラックスさせる以外に自分にできることはないとわかっていたからだ。

だが、ケイシーは、プロのゴルファーとして試合に臨んでいたときと同じようなプレッシャーを感じ始めていた。どんなにリラックスしていても、どんなに自信にあふれたゴルファーでも、最初のティーショットが始まった途端に緊張してしまうものなのだ。

会議開始の15分前、ケイシーはあまり自信が持てなかった。少しの間、ひとりになりたかった。

それから10分間、ケイシーは自分の部屋に閉じこもり、この部屋から出て行くときのことを考えた。緊張しすぎて吐き気がしてくる。

「何を間違えたのだろう?」と自問したが、答えは出てこない。妻に電話してみたが、家の電話にも携帯にも出なかった。

(なんでこんな事態を招いてしまったのだろう?)

ケイシーがさらに落ち込む前に、コナーとソフィアがやってきた。10時5分前。ふたりは、自分たちのボスを迎えに来たのだ。

運命のとき

会議室では、J・Tがすでに席に座っていた。誰にも目を向けず、誰かと機嫌よく携帯電話で話している。

10時になって全員が席に着くと、J・Tは電話を終わらせた。

「もう切らないと。話ができてよかった。ありがとう」

ウィルは、J・Tの上機嫌が会議中も続くようにと願ったが、残念ながらそれは無理だった。

携帯電話を切ると、J・Tはケイシーのほうに顔を向け、ようやく視線を合わせた。陽気な様子はすでに消えている。

「おはよう」と冷たい口調で挨拶すると、ケイシーも同じように返した。

こうして、問題の会議は始まった。

「今日は話し合うべき議題が2つある。会議の時間は2時間しかない。さっそく、ソフィアから始めてもらおう」

ソフィアが神経質そうに咳払いをする。今までにないほど緊張しているようだ。

「私たちが検討しているのは、市場で最も急速に成長しつつあるユーザー層、つまり子供向けのゲームの制作にもっと力を入れるべきかどうか、という問題です」

ケイシーは、彼女の次の言葉を待たずに口を挟んだ。

「それで、どうすればいいんだ？」

ソフィアは驚いてケイシーを見てから、口ごもりながら言った。

「あの……金曜日にも言いましたが……まだよくわかっていなくて……」

ケイシーがさえぎった
「それはわかっているよ。でも、今すぐ何か提案しなければならないとしたら、どうする？正解はない。今の君の考えを聞かせてほしい」

ソフィアは自信なさそうに、こう答えた。

「そうですね……大きな市場に視野を広げて、もっと強くアピールできるような新しいゲームに注目すべきだと思います。でも、私たちのブランド力を弱めすぎるのもよくありません」

ケイシーはほほえみながら、さらにこう追及した。

「いいか、ソフィア。これは選挙じゃないんだから。進出すべきか、すべきでないのか？

それを聞きたいんだ」

どう答えたらいいのかわからないソフィアは、他の役員に目をやった。するとマットが救いの手を差し伸べた。

「僕個人の意見としては、ゲーム事業はこれ以上拡大すべきでないと考えている。市場での我々の存在感が薄まるだけじゃなく、競合他社との争いにもなるだろうから」

「それの何が問題なんですか？」

ウィルがそう言った。ケイシーは、自分のアシスタントがまたちょっとした批判演説でも始めるのではないかと心配になったが、やめさせれば事態はさらに悪くなると考え、説明を求めることにした。

「どういう意味だ、ウィル？」

ウィルは説明を始めた。

「子会社として評価されている私たちは、独自に収益もマーケットシェアも伸ばしていることを実証しなければならない。そして、それが親会社の業績評価基準であるのなら、私たちもその基準に即してビジネスを進めるべきです」

あえてそちらを見る者は誰もいなかったが、全員がJ・Tの反応をうかがっていた。それを横目に、ケイシーは議論を進める。

「誰かウィルに賛成する人は？」

静まり返った会議室のなかで、Ｊ・Ｔがペンを走らせる音だけが響いている。すると、ソフィアが口を開いた。

「私は賛成だわ。私たちがやらなければならないことは、するべきだと思う」

ケイシーはひるむことなく会議を続ける。

「いいだろう。この件に関しては全員の意見を聞きたい。でも、先に自分の意見を話しておこう」

ケイシーはそう言うと、時計に目を落とした。

「10時7分現在、私はこのような拡大路線に賛成しない。でもそれは、競合他社が理由ではない。わが社の財務状況を見るかぎり、ウィルとソフィアは正しいと思う。ついでながら、私は将来、会社的にこのような見方ができるようになることを望んでいる」

Ｊ・Ｔがノートを取るスピードが速くなる。ケイシーが続けた。

「私が拡大に反対なのは、競合状況に関するはっきりとした見通しとブランドポジションの維持を大事にしたいからだ。もし我々が焦点を見失えば、他のどの企業とも区別がつかなくなり、我々の強みもなくなってしまう」

ティムが口を開いた。

「でも、数字は『拡大すべきだ』と言っています。マスマーケットは今後の5年間で、15パーセントも成長する可能性があります。私たちのニッチマーケットでは2パーセント、よくても3パーセントしか伸ばせません」

するとと今度はマットが口を挟んだ。

「でも、じゃあ、あといくつ新商品を出せるんだ？　前にも言ったけど、今の品質レベルを維持できなくなるのが心配なんだよ」

「ミシェルはどう思う？」

ケイシーが人事担当役員に尋ねた。ミシェルは苦しまぎれに答える。

「わかりません。この事業拡大に大喜びする社員もいれば、とてもガッカリする社員もいるでしょうね。特に古くからいる人たちは」

その後のミシェルの発言に、みんなは驚いた。

「J・Tの意見をお聞きしてもいいかしら」

部屋中の視線がJ・Tに集まる。まるで、テニス試合の観客が彼に向かうボールを目で追うかのようだった。J・Tは、ノートから顔を上げ、「わからないな」と答えた。

「そんな、何か意見があるはずですよ」

驚いたことに、これはウィルではなく、ミシェルの発言だった。身を投げてみんなを手榴弾から守ろうとした兵士かのように、みんなは彼女に目を向けた。しかし、J・Tの反応は爆発よりひどかった。

「いや、本当にわからない」と素っ気なく答えると、J・Tはノートを取り続けた。

そこでケイシーが引き取った。

「それなら、ここにいる全員で決定することにしよう。誰か、我々が拡大路線をとる場合に予想される最悪の事態を教えてくれないか」

その後の45分間で、最悪のシナリオ、最善のシナリオ、それぞれの場合に競合他社がどのように反応するかについて検討し、直近の4四半期の売上高と今後2期の見通し、および業界の先行きに関する分析報告も見直された。

そして、彼らは議論を交わした。データをもとに、時には直感を頼りに、その場にいる誰もが発言し、途中で意見を変える者もいた。特にソフィアとマットは問題の賛否をめぐる両陣営それぞれの最強の支持者だった。

議論が出尽くしたところでケイシーが質問を投げかけた。

「これから6週間かけてさらに調査と分析をするのもいいが、それは必要ない。我々はすでに、かなりの情報を集めているし、必要な知識はすべて持っていると思う」

それからみんなを見回して言った。

「民主主義というわけではないが、全員の意見を聞こうと思う」

- コナー……拡大しない
- マット……拡大しない
- ティム……拡大すべき
- ミシェル……拡大しない
- ソフィア……拡大すべき

ここで、ケイシーがウィルに尋ねた。

「君は？」

ウィルはためらいながらもきまり悪そうに答えた。

「僕が投票することになるとは思っていなかったので」

「我々の話を聞いていただろう。もし同じ立場だったら、どちらに投票する？」

ウィルの出した答えは全員を驚かせた。

「たぶん、拡大すべきに票を入れるでしょうね」

ケイシーは意見を求めてJ・Tを見たが、彼は「何もない」というふうに頭を振った。ケイシーはうなずき、心のなかでさまざまな意見をふるいにかけるかのように、一同を見回した。

「この1時間で2回も考えが変わったことを認めなければならないが、この決定についてはかなり確信を持っている。そして、ここにいる全員がどちらに投票したかに関係なく、我々はこの決定を支持すべきだ」

ケイシーは、マットとソフィアを見て尋ねた。

「問題ないね？」

2人とも強くうなずいた。

「拡大はしない。そして、いくつかのゲームを品揃えから外す」

何人かが驚きの表情を見せた。

「その代わり、主要市場で競合他社からシェアを奪い、新しいライバルに対して我々の地歩を強化しよう。月並みな言い方で申し訳ないが、そのためにはもっと会社全体が筋肉質になる必要がある。そう、もう少し節約しないといけない。そうすれば、4パーセントの収入増、10パーセント以上の利益増を達成できるだろう」

全員が、ケイシーの言葉をかみしめた。ケイシーはさらに続けた。

「でも、これはたやすいことではない。私たちの文化をいくらか変える必要がある」

「どんなふうに？」

ミシェルが問うと、ケイシーが答える前にソフィアが言った。

「より少ない人数でより多くの仕事をする」

「つまり、もっと長時間働くということ」とコナー。

「そういう時期なのかな？」

ティムはそう言ったそばから、すぐに前言を撤回したがっているようだ。

「さらに言いたいことあるなら」とケイシー。

ティムが軽く笑って「結構です」と言うと、みんなも笑った。

「でも、どうせ言わなくちゃいけなくなるのなら、言ってしまうよ。僕はそれをあまりみんなに強制したくない。自分がそうなる、ってわけじゃないけど」

ティムの皮肉に再び笑い声が漏れた。ケイシーは言った。

「全体的にちょっとゆるくなってきたんじゃないか？　以前はそれですんでいたかもしれないが、我々はもう上場企業の一部なんだから、企業が感じるプレッシャーのようなものを、上場企業らしく、もう少し感じなければいけないのだと思う。今がまさに変化を起こす時期なんだ」

テーブルのまわりにいる全員がうなずいた。

「それでは、どの製品を削り、どのように進めるかを決める会議をしよう。ソフィア、ウィルと相談して今週中に設定してくれないか？」

ソフィアはうなずいて、ノートを取った。

「では次はコナー、ＰＧＡスポンサーの件だ」

Ｊ・Ｔが手を上げたのはそのときだった。

「質問がある。この１カ月の数字はどうなっている？」

ケイシーは、ヘッドライトの前ですくむ鹿のように凍りついた。ウィルは飛び上がってケイシーを揺さぶろうかと一瞬考えたが、Ｊ・Ｔが質問を繰り返したので、ケイシーは落ち着いて話しだした。

「質問の意味はわかっています。でも、今日は戦略を話し合う会議です。数字や指標については毎週の戦術会議で話し合っています」

「なんだって？」

Ｊ・Ｔは引き下がらない。ケイシーが最初の質問に答えなかったせいで気を悪くしたのか、戦略会議と戦術会議の区別がつかないのか、どちらかはわからなかったが、ケイシーは後者に賭けた。

「毎週の戦術会議では、私たちは業績を検討し、みんながやっていることをそれぞれ報告し合うことで、前に進むための戦術的な問題を解決しています」

そこで間を置いてみたが、Ｊ・Ｔからの反応がないのを見て、ケイシーは先を続けた。

「今日は月に１回の戦略会議です。２つの議題に絞ってしっかり取り組みたいのです」

今度はＪ・Ｔも少し身構えたようだ。

「売上を教えてもらえるのか？　もらえないのか？」

ソフィアが彼の要求に応じて横から口を出す前に、ケイシーが答えた。

「もちろん、お教えします。でも、それは会議の後でお願いします。２時間しかないので」

ケイシーは穏やかな笑みをたたえながらも、守りに入ることは決してしなかった。

「それでよろしいですね」

その間、３秒半。まるで部屋の空気が消えてなくなったかのように、誰も息をしなかった。Ｊ・Ｔはケイシーに食ってかかるかのように見えたが、再びペンを持ち、ノートを取り始めた。ウィルはのちに、このときのケイシーの対応は見事だったと母親に話した。

それからケイシーは、平然とマーケティング責任者のコナーに顔を向けた。

「コナー、どんな状況だ？」

コナーは少し間を置いて、回避されたかに見える対決に本当に決着がついたかどうかを見極めた。そして、Ｊ・Ｔが引き下がったことがはっきりしたところで、話し始めた。

「出版物への広告と、ＰＧＡのスポンサーを比較分析してみました。はっきりした答えが出たわけではないですが、トーナメントのスポンサーになるのに必要な額は思ったほど高額ではないようです」

経費の話になると黙っていられないティムが聞いた。

「いくら？」

コナーは咳払いすると、こう答えた。

「20万から30万ドル」

「それが高額じゃないって？」

ティムが大声で笑いながら言った。

「たしかにそれなりの大金だが、どれくらいの効果が見込めるかが問題だ」

コナーが弁明すると、ソフィアが、先ほどのケイシーとＪ・Ｔのやり取りからようやく立ち直って、議論に参加した。

「誤解しないでほしいんだけど、もっと多くのゴルファーやショップに注目されたいとは思うわ。広告を減らすなんて、考えるだけで恐ろしい」

「どうして？」

「ねえ、コナー、私たちはいつだって、上空からの援護が足りないって文句を言っているじゃない。下手にレーダーから消えたりしたら、新たな競合相手に我々の陣地を明け渡すことにならない？」

ウィルが反論した。

「現在の広告宣伝で効果が上がっているとお考えのようですが、そこにはどれほどの自信があるんですか？」

「そんなに自信はないけど、他社が宣伝活動を減らしていないのに、私たちだけが減らすのは嫌よ」

そこでJ・Tが口を開いた。

「現在の広告宣伝の影響力はどう評価されている？」

一同は驚き、安堵した。この質問は言いがかりでもなく、疑いでもなく、単なる彼の好奇心から来るものだったからだ。コナーは気負わずに答えた。

「できるだけ多くの注文について、どの広告が効いたのかを追跡していますが、たしかな例と言えるほどの実例は得られてはいません」

「なぜ？」とJ・T。

「オンラインでも、電話販売でも、私たちから直接買う人はそれほどいないからです。売上の大半はショップと小売店で、購買者との接触はほとんどありません」

ソフィアが答えると、突然、J・Tの傲慢さが表れた。

「なぜ顧客調査をしないんだ？　もしくは、小売店に店頭で調査させればいいだろうに」

ソフィアは自信を持って答えた。

「やっています。でも、問題が2つあって、第一に、我々がゴルフショップに調査を頼むと、火星人でも見るような、不可解な顔をされます。彼らは顧客分析に関心がありません。彼らにとってはグリーンフィーやセーター、ホットドッグやゆで卵、どれも全部、売上は一緒なのです」

ソフィアのこの自信ありげな説明に、ケイシーも頭を振りながら笑った。

「そう。それに、ホットドッグの儲けはゲームを主催するよりはるかに大きいしね」

J・Tも含めて、全員が笑い声を上げた。

「もうひとつは、調査に応じた多くの人が、我々のゲームを選んだのは友達から勧められたからだ、と答えていることです。口コミで広まるというわが社の製品の良さであり、悩みでもあるんですが」

J・Tはソフィアの説明にだいたいは満足したようだ。ティムが現実問題へ議論を戻す。

「やはり、1回だけのイベントにそれほどの額を費やすなんて考えられない。当日、雨が降ったらどうするんだ？」

ケイシーが巧みに答えた。

「これを1回だけのイベントにするつもりはない。事前に大量の広告があるし、トーナメント戦の前後は全国規模で報道されるから、全体としてはきわめて大規模な宣伝になるだろう」

「まるでエンタープライズ・レンタカーみたいに?」

突然、それまで静かだったウィルが口を挟んだので、みんなが彼のほうを向いた。ウィルは少し戸惑ったように言った。

「あのエンタープライズですよ」

ウィルは繰り返した。するとコナーが、その宣伝用コピーを口ずさんだ。

「エンタープライズにお電話を、お迎えにあがります」

全員がその宣伝を思い出して、コナーに笑いかけた。ウィルがさらに説明する。

「誰もがあのキャッチコピーを知っています。広告業界で働いていたときに聞いたことがあるんですが、あの会社のメディア予算の大部分が全米大学バスケットボールトーナメントに注がれているそうです。何年も前に協会と契約を結んだときには、みんな、その契約は高額すぎると思ったらしいんですが、それが今では、そのイベントだけでブランド認知度のほとんどを得ているほどだそうです」

みんながうなずく。ただし、マットだけは例外だった。ケイシーはマットに声をかけた。

「君はどう考える？」

驚いたことに、マットは反論しなかった。

「いいんじゃないですか」

しかし、ケイシーはそこで議論を終わらせたりしなかった。

「待ってくれ、マット。もし、IT予算を5パーセント削って、グレーター・ベーカーズフィールド・オープンのスポンサーになると言ったらどうする？」

マットは座り直した。

「このアイデアが気に入らないのは認めます。全米バスケは1カ月も続く全国有数の人気イベントで、比較になりませんね」

コナーはすかさず反応した。

「たしかに。でも、我々は今、世界じゅうで販売されるような製品の話をしているわけじゃない。対象の顧客だってはっきりしている。しかも、そのほとんどが、かなり真剣なゴルフファンだ。最近のゴルフトーナメントの視聴率を知っているか？　そろそろ思いきりが必要だよ」

J・Tがいたせいかもしれない。あるいは、ただマットの機嫌が悪かっただけかもしれない。理由はともあれ、コナーの答えに対するマットの反応はよくなかった。

「『思いきり』だって？　必要なのは分析だよ、『思いきり』じゃなくてね。もしタイガー・ウッズがトーナメントの1週間前になって参加を取りやめたら、我々の『思いきり』はどうなるんだ？」

マットの口調が議論を止めたが、ケイシーはにこやかに言った。

「僕が聞きたかったのはこういう熱い議論だよ」

その言葉を受けたコナーは、状況をやわらげようと真面目な口調になった。

「いいだろう、マット。この問題を分析してから決めたいと言うんだね」

そう言うと、コナーはジャンケンをする真似をした。マットは笑い、みんなも続いた。

コナーは本当の論点を示した。

「要するに、エンタープライズでも全米バスケに関する決定を正当化することはできないと思うんだ。もちろん、できるかぎりの分析はするよ。でも、結局は実際にやってみなければわからない」

その言葉にマットもうなずいた。

「自分がマーケティングに進まなかった理由がわかったよ」

みんなが笑う。

「でも、焦るのは禁物です。私たちにできる分析はまだたくさんあります」

そう指摘したのはミシェルだった。

「だからこそ、この決定が先ほどの決定からどんな影響を受けるか知っておかないと……」

「どういう意味？」

話の見えないソフィアが質問した。

「販売するゲームの種類を減らしたら、宣伝方法も変えないといけないんじゃない？」

コナーがうなずきながら答えた。

「もちろん。たとえばクロッケーや他のスポーツにも進出するとなると……」

その言葉をティムがさえぎった。

「アーチェリーもね。そうだ、アーチェリー大会のスポンサーになろう」

コナーも、自分を皮肉る冗談に思わず笑った。

「アーチェリーね。でもそれなら、もっとマスマーケット向けの宣伝をしなければならないし、逆に、ゴルフ中心で進めるならスポンサー路線がより魅力的になる。我々が伝えるべきメッセージと製品開発に焦点を絞るのは素晴らしい考えだよ。それに、そこには規模の経済が発生するんじゃないか？」

これにソフィアが質問したが、それは全員に向けたものだった。

「それじゃあ、この決定によってどのゲームを削ればいいかわかるのね。それとも、削ることになるゲームがこの議論の行方を決めるかしら?」

全員に向けられたソフィアのこの質問の重大さに、誰もが一瞬まごついた。その瞬間、誰かの携帯電話の着信音が鳴った。会議を常に時間どおりに終わらせること以外に、ケイシーが唯一役員たちに要求していたのは、携帯電話を会議室に持ち込まないことだった。したがって、その着信音の主はJ・Tということだ。

J・Tはすぐに携帯に目を落とし、電話をかけてきた相手の名前を確かめた。そして電話に出ると、後ろを向いてわずかに声を落として話し始めた。

その短い会話の最中、誰もが、礼儀からというよりも好奇心から黙っていた。

「私だ」

J・Tは相手の話に耳を傾けている。

「いや、今は会議中だ。何があった?」

再び間が空いた。

「いや、車に戻ってからかけ直す」

電話を切ったJ・Tは、ノートと上着をつかんで立ち上がった。

「失礼。もう行かないと」

そう言うと、彼はケイシーの顔も見ずに会議室を出ていった。しばらく誰も口をきかなかったが、5秒後、ようやくティムが口を開いた。

「じゃあ、またな。ゴードン・ゲッコー」

このCFOが言ったことを理解するのに少しの間が必要だったが、やがて部屋じゅうから笑い声が上がった。それは、ティムが映画『ウォール街』に出てくる浅ましい企業幹部を引き合いに出したジョークを理解した笑いでもあったが、緊張から解放されたことによる笑いでもあった。

最初に真顔に戻ったのはケイシーだった。

「では、この議論をまとめよう」

みんなが次第に静かになってきたところで、マットが冷ややかに言い放った。

「でも、彼はキャプテン・カークのほうが似合うと思うけどね」

その言葉がマットの口から出たのがおかしかった。そして、そのとおりだった。みんなの笑いを抑えるのは無理だと悟り、ケイシーは休憩を取ることにした。

「10分後に再開しよう」

弛緩

非現実的な雰囲気は、休憩後に一同が戻ってきたときにはとっくに消えていた。

ウィルは、停電のせいでワールドシリーズの第7戦が中止になった選手の気分がわかった。みんな、今回の会議に満足したわけではない。決着もついていない。さらに、ひどい結果になる可能性は大いにあった。ケイシーも同じように感じていたかもしれない。しかし彼はそんな気配を微塵も感じさせなかった。

「では、スポンサーの件についてのみんなの意見は？」

誰もすぐには答えなかったが、しばらく経ってからコナーがこう答えた。

「みんな、さっきのことについてもっと話したいんじゃないかな？」

ケイシーはすぐに返した。

「今はやめよう。J・Tにも言ったように、2時間しかないんだ。スポンサーの件についての結論はまだ出ていない」

ケイシーの言葉を疑う者はいなかった。議論は呆気なく元に戻り、それからさらに1時間、一同はこの問題に集中して議論した。最終的に、スポンサーになるのは妥当となり、次のステップとして広告主を求めるトーナメント主催者との話し合いを始めることになった。会議の終わりが近づくにつれ、みんなの話し声も静まっていったが、誰も席を立とうとしない。ついにケイシーが静寂を破った。

「大袈裟じゃなく、良い会議だった」

全員がうなずいた。

「これからのことは、あまり気にしないように。つまり、J・T・ハリソンやもろもろのことを」

ケイシーは少し間を置いてから続けた。

「言うのは簡単かもしれないが、実際にここで心配しても仕方ない」

そして、笑顔で言った。

「誰かランチに行く人？」

もちろん他の予定がある者はひとりもいなかった。

内部情報

送別会のような雰囲気のランチから戻ったケイシーは、不思議と自分が冷静でいることに気づいた。開き直ったと言ってもいいかもしれない。そして思った。

(これでクビになるなら、それまでのことだ)

そのとき、同じプレイソフト社の子会社でシカゴにあるオンラインゲーム会社の責任者、ニックから電話がかかってきた。

「本社の内部情報の噂について、何かご存じですか?」

ケイシーは一瞬、留守番電話にしておけばよかったと後悔したが、ニックの人柄を思ってそのまま電話を続けることにした。

「どんな噂ですか?」

「明日、何か大々的な発表があるらしいんですよ。誰に関する発表なんでしょう?」

ニックが自分のことを頭に置いているはずがないとケイシーは思い(ニックはそんな電話をしてくるほど残酷な人間ではない)、少し考えてみた。

「そうですね、J・T・ハリソンとか?」

ニックはケイシーの答えに心底驚いたようだった。

「あなたも内部に情報源がおありなんですね」

「いや、勘ですよ」

ケイシーはニックに、自分の置かれている状況を話そうかと迷ったが、わざわざ自分から嫌な話題を蒸し返す必要もないと考えた。

当たりさわりのないやりとりをして電話を切ったときには、ケイシーはすっかり自信を失っていた。今ごろ仕事に打ち込んでいるはずだったが、今日に限っては、すでに力を使い果たしてしていたので、午後は妻と過ごすことにした。

その日はこれ以降、J・T・ハリソンのことを考えたりはしなかった。だからこそ、次の日の朝に受けたショックは大きかった。

発表

ケイシーはいつも通りの時間に出社した。社員の誰とも顔を合わせないように、自分の部屋までの廊下は足早に通り抜けた。世間話をするような気分にはなれなかった。ウィルの姿も見えない。ウィルはすでに出社していたが、ケイシーに気を遣って、顔を合わせないようにしていたのだ。

ケイシーはデスクに向かい、心のなかで祈った。パソコンを立ち上げて、メールを開く。

宛先：全ゼネラルマネジャー、ならびに副社長各位

送信者：ウェイド・ジャスティン
件名：組織改編（緊急、かつ社外秘）

（注意：このメッセージは、ゼネラルマネジャーと副社長だけに送られたものです。その内容は、全従業員に通達される本日3時までは内密にすること）

これは、私にとってもつらい発表です。というのも、長年にわたり力を注いできた仕事に終わりを告げなくてはならないからです。私は、ただちにプレイソフト社の最高経営責任者を辞任しますが、引き続き取締役会長にはとどまります。今回の決定は2年前から検討してきましたが、私個人にとっても、会社にとっても、適切なことだと考えます。

また、新しいCEOはJ・T・ハリソンであると発表できることを嬉しく思います。J・Tを知らない人にも、また、知っている人にも、私から見た彼について、少しお話しさせていただきます。

J・Tは、プレイソフト社に9年間勤務しており、特にこの5年間は、会社の成長戦略に集中し、その間、私たちが成し遂げたほとんどの企業買収の責任を担ってきました。

しかし、J・TはほとんどのM&Aを担う幹部とは異なり、買収のプロセスでもうひとつ重要な役割を果たしてきました。それは、私たちの会社が成功するためには不可欠なことです。しかも、彼はその仕事を謙虚にこなしてきたのです。

ご承知のように、プレイソフトが新しい会社を買収するたびに、J・Tはその新しい組織で業績を向上させる取り組みをしてきました。業績が十分ではないと考えられるどのような分野においてもです。昨今の株式市場の厳しい状況下でも、J・Tは目覚ましい成果をあげてくれました。プレイソフトは、一貫性を持って企業買収を続け、買収した企業を合併した後2年間の売上は平均25パーセントも増大しています。最近では、イップ社の買収にも成功しており、我々はモントレーの仲間が素晴らしい成果をもたらしてくれることを期待しています。

残念なことではありますが、仕事を進めるうえで、J・Tと多くの子会社の多数のリーダーたちとの間に確執が生じてしまいました。でもそれは、すべて正当な理由があってのことです。ついにここで、彼が背負っていた重責をみなさんに知ってもらうことができて安堵しています。社内には、J・Tと仕事をすることにやりにくさを感じる人もいるかと思いますが、彼こそは私心のない、本当にひたむきな指導者だと、すぐにわかっていただけることでしょう。

どうぞ、新しい役割に就くＪ・Ｔをともに歓迎してください。そしてまた、プレイソフト社と多数の子会社における多くのみなさんのご尽力に心から感謝いたします。

プレイソフト前ＣＥＯ、現取締役会長
ウェイド・ジャスティン

ケイシーはまずメールを読んで、自分の気持ちを整理しようと努めた。安堵、怒り、不信、疲労感。しかしそのほとんどは、やっと、Ｊ・Ｔが何をやろうとしていたかがわかった、という安心感だった。

ケイシーは、妻に電話をした。そして、ウィルのところへ向かった。ウィルは自分のデスクに座り、複雑な笑みを浮かべていた。すでにメールを読んでいる、とすぐにわかった。

ケイシーは笑顔のまま、頭を振るとこう言った。

「まったく変な会社だよ」

そして、ふたりは笑い合った。

内輪話

5時5分前、ケイシーは早めの帰り支度をしていた。ここ数日、今までにないほどの精神的な疲れが溜まっていたので、ゴルフの9ホールはこの上ない気晴らしになるに違いない、と楽しみにしていた。

ケイシーが書類をまとめ、パソコンの電源を切ったところで、思いがけない来客があった。

「どこへ行くんだ？」

真剣な顔つきのJ・T・ハリソンが立っていた。ケイシーはためらいながら言った。

「ゴルフですが、ご一緒しますか？」

J・Tは部屋に入ってドアを閉め、椅子に腰を下ろすと、口を開いた。

「これがいつも一番つらい」

「何がです？」

ケイシーには訳がわからなかった。

「謝罪するのが、だよ。あるいは、謝罪しないことが、とも言えるか。この数カ月、君がどれほど大変だったか、よくわかっているつもりだ。申し訳ないと思っている。でも、私にも考えがあってのことだ」

ケイシーは黙ってJ・Tを見つめた。

「何か聞きたいことは？　何でもいい、仕返しはしないよ」

「例の会議の一件は、私を追い込むためだけのものだったと？」

J・Tの顔から笑みが消えた。

「それは違う。あれは本気だ。君を辞めさせようとまでは思っていなかったがね。でも、君たちの会議を見てひどく心配になったんだ。今でも不安がまったくないとは言えないが、昨日の会議は、間違いなく良くなっていた」

「そんなに会議が重要ですか？」

ケイシーの中の敵意は弱まっていた。それよりも好奇心が上回っていた。

「ああ。私は新人の頃、役員会議のレベルが低いと、その会社の業績と潜在能力の間に大きなギャップが生まれることを学んだ。ケイシー、君のところの会議は本当にひどいものだった」

ケイシーは笑顔のまま、謙虚に耳を傾けた。

「他の責任者たちも、私と同じような目にあったんですか？」

「そうだ。デステファノ社の問題は業績管理だった。ニックは経費の削減で苦戦していてね。その点、君は、私の見るかぎり、マネジャーとして優れていたし、問題はなかった。経費もかなり厳しく管理しているようだし」

ケイシーは頭を整理しようと首を振った。自分は新しいCEOに好意を持ち始めている。それは否めなかった。

「ところで、今ここで話したことは口外しないように」

「なぜです？」

「理由は2つ。まず、私が新しい子会社のトップに同じことをしなければならなくなった場合、彼らにすべてわかってしまうのはよくない。さらに重大な問題がある。君のところの役員たちは、ここ数週間ですごく積極的になったはずだ。だが、この一件が仕組まれたものだと知ったら、彼らの気を削ぐことになりかねない」

ケイシーはあまりいい気持ちがしなかったが、J・Tの言うとおりだと思うようにした。

J・Tは、ケイシーの気持ちを察したように続けた。

「それから、私が『仕組まれた』と言ったのは本当のことだが、だからと言って、単に君たちを欺くために仕掛けたのではないということを覚えておいてほしい。もしも君が、この会社の会議問題で何の進歩も見せなかったら、私は次の手を考えなくてはいけなかった。

子会社の責任者全員に同じことをしているからといって、遊び半分でやっているわけじゃない」

その瞬間、ケイシーは、J・T・ハリソンが仕掛けてきたことはすべて、善意によるものだったのだと気づいた。手荒だが、実直なやり方をする男なのだ。

「本当に、一緒にゴルフでもしませんか？」

「今回はやめておくよ。そうしたいのは山々だが、これからサンノゼに戻って、投資家向けの会議に出席しないと」

ケイシーは驚いた。

「私と15分話すためだけに、わざわざここまでいらしたのですか？」

「いや」

J・Tはさらりと答えた。

「5分か10分のつもりだった」

互いに笑みを交わすとすぐに、J・Tは去って行った。ケイシーがティーオフしたのは、その30分後だった。

後日談

ウェイド・ジャスティンからの通知を読んだイップ社の役員たちは、会社の新しいCEOがJ・Tだと知ってショックを受けた。しかし、自分たちのボスは危機を免れたらしいと聞かされ、安心したようだった。

この窮地から脱したことで、役員とその部下たちの熱意と活力は劇的に上向いた。さらに重要なのは、それが継続可能であると判明したことだ。社内には、この夏の出来事を知る者がほとんどいないことを考えると、それは驚くべきことだった。

それから1カ月ほどの間、ウィルは役員会議を組み立て直し、うまく運営できるように役員たちと協力した。時には、役員があれこれ言い訳をして会議を逃れようとするので苦労もあったが、ケイシーはそれに屈することなく、数カ月もたたないうちに、毎日、毎週の会議の習慣が社内に根付き始めた。

戦略会議には、また別の問題があった。新たな問題が持ち上がるごとに会議を設定しなくてはならず、全員が出席する戦略会議の数が増えてしまったのだ。しかしそのうち、数人の役員だけで対処できる課題と、会社全体にとって重要な問題が区別できるようになり、

無駄な会議も徐々に減っていった
第1回目の四半期ごとの社外会議も、ハロウィンが来る頃には終わっていた。役員たちは、社外会議が予想以上に面白かったことに加え、その2日間は彼らがチームとして過ごした最も実りのある時間だったことにも驚いた。あのマットが、次の社外会議を楽しみにしていると言ったほどだ。

数週間で4つのタイプの会議のそれぞれが少しずつ修正、調整されたことで、会社全体のシステムがうまく作動するようになった。それはケイシーだけでなく会社全体にとっても嬉しいことだったが、ウィルだけはそうではなかった。社内における自分の存在意義と、仕事への関心が、一気に消えてしまったからだ。

ウィルは、いさぎよくこの会社を辞めるか、ここに就職してソフトウエア界でのキャリアを築くかを決めなければならなかった。そうなったとしても、これまでの彼の経歴を考えればさほど驚くべきことではなかった。

しかし、ウィルはまだ、自分の夢を手放すつもりはなかった。そこで感謝祭までに最適な後任者を見つけると、イップ社を辞めた。そして、映画とテレビの世界で次の冒険を始めるために南カリフォルニアへと戻っていった。

早送り

よくある話だが、ウィルとケイシーはそれぞれの生活に追われ、次第に連絡を取り合わなくなった。やがてふたりとも、お互いが今どうしているかもわからなくなっていた。

そんなある土曜日、ふたりはサンフランシスコで偶然再会した。ゴールデンゲートブリッジ近くのプレシディオ・ゴルフコースのゴルフショップでのことだった。ケイシーは旧友のひとりと来ていて、ウィルは父親と一緒だった。イップ社のCEOともなれば、プレー時間の変更など他愛ないことだった。

最初の9ホールが終わったところでパートナーを交換し、ケイシーとウィルはカートに乗りながら近況報告をして過ごした。

イップ社はまだプレイソフトの子会社だったが、親会社の傘下で市場における確固たる地位を築き上げ、徐々に利益を上げながら確実に成長していた。そして驚いたことに、プレイソフトの業績もまた順調だというのに、J・TはCEOを辞めていた。

「何があったんですか？」

「あれから1年ほどで、彼は辞任したよ」

「辞めさせられたんですか？」

「いや、そうじゃない。事実、会社も彼を引き止めたらしい。でも彼は、CEOでいることが嫌だったみたいだ。『メンテナンスが多すぎる』とよく言っていたよ。その後、コンサルティングの会社を始めて、今は、問題を抱える会社を再建する手伝いをしているらしい」

ウィルは笑った。

「さすがですね」

ケイシーはウィルに、2人の新しい役員をはじめとする現在のスタッフについて、イップ社製品の売れ行き、大成功となったPGAのスポンサー事業など、さまざまな話をした。ウィルはにこにこしながらケイシーの話を聞いていた。しかし、彼には本当に聞きたいことが別にあった。

「会議はどうですか？」

「ああ、あれはもうやってないよ」

ケイシーはパットのラインを読みながら言った。

「えっ？」

ウィルは呆気に取られた。

「今は、メールを使って決定事項を連絡している。そのほうが効率的だしね」

ケイシーはパットを沈めてからウィルを見上げた。顔には笑みをたたえている。

「冗談やめてくださいよ……冗談ですよね？」

ケイシーは笑い声をあげる。

「もちろん冗談さ。心配いらない、今でも会議はやっているよ。君がいたときとほとんど変わらないやり方でね。それにしても、新しい役員が初めて出席した会議には、君にも同席してほしかったな。彼らはあまりの驚きに、私たちがおかしくなったと思ったらしい。だって、会議の席でドラマみたいな対立が始まるんだから。でも、今は彼らもそれを楽しんでいるよ」

ケイシーはウィルの隣で、昔からの友人でもあり、良き師でもあるケン・ピーターセンがパットをする様子を見ながら、ウィルが自分にしてくれたことを思って、急に胸がいっぱいになった。

その思いをどんな風に表現しようかと考えたケイシーは、黙ってウィルの肩に腕を回した。まるで、父親のように。

実践

The Model

会議のパラドックス

会議は、不可解なパラドックスだ。

会議はとても重要で、どんな組織においても中心的な活動である。

同時に、きわめて苦痛で、嫌になるほど長く、無駄に思える。

幸いなことに、会議自体には、もともと嫌われるような要素はない。したがって、人を引きつけ、成果のあがる楽しい会議に変えることもできる。ただし、そうするには、会議に対する認識や運営方法について根本的に考え直す必要がある。

つまり、会議を嫌っているばかりではいけない。どうにかして顔を合わせなくてもすむようにと、最新のテクノロジーに頼るのはやめよう。そして、議題や議事録や規則ばかりを気にするのはやめ、悪い会議はリーダーと出席者たちの態度と取り組み方に問題があると認めなければならない。

何より素晴らしいのは、つらい会議を生産的な会議に転換できる組織には、大きな見返りがあることだ。出席者の士気は高まり、決定はよりすばやく、より優れたものになり、必ずや素晴らしい成果が得られる。

会議についての私の考えをここに簡潔にまとめよう。その全体もしくは一部を自分の組織で実行し、多少なりとも成果を得てほしい。

エグゼクティブサマリー

会議について最初に答えが求められるのは、「何が真の問題か?」という質問だ。実は、その答えは2つある。

第一に、会議は退屈だ。つまらなく、魅力がなく、味気ない。たとえ時間を持て余していたとしても、何の刺激もないスタッフ会議や電話会議、あるいは2日間の社外会議でただじっと座り続けることは、現代ビジネスにおける苦痛な活動の上位にランクされる。さらに、これらの会議に仕方なく付き合っている人のほとんどが、他にも仕事を抱えていることを考えれば、その苦痛はいや増すばかりだ。

第二に、さらに問題なのは、会議が無駄に終わることだ。会議が嫌われる最大の理由は、組織の成功に役立っていない点にある。多忙をきわめるなか、見返りのない活動に時間とエネルギーを注がなければならないことについては、特にいらいらさせられる。

ここで重要なのは、「なぜ?」という疑問だ。なぜ会議は、退屈で役に立たないのか?

退屈なのは、会議にドラマ性が欠けているからだ。あるいは、対立が欠如しているからだと言い換えることもできる。これは残念なことだ。ほとんどの会議には、人を引きつけるために欠かせないドラマの要素が潜んでいる。ところが会議のリーダーたちは、対立という金鉱を掘り起こすよりも、出席者の間で緊張が生じるのを回避し、会議を予定どおり終わらせることを重視している。これは一見すると評価できそうに思えるが、実はダメな会議の核心にある発想だ。

会議を退屈でないものにするには、リーダーは妥当で建設的な対立を誘発し、それを表面化させるような、正当な理由を探す必要がある。そうすることで出席者に興味を抱かせ、より熱心な議論を掘り起こし、最終的には、よりよい決定を下すことができる。

会議が効果的でないのは、コンテクストの組み立てが欠けているからだ。多くの組織は、スタッフ会議と呼ばれる定例会議しか開かない。週に1回、あるいは月に2回、2～3時間集まって、戦略だけでなく戦術まで、運営方法だけでなく組織文化まで、あらゆる話題について思いついたことを議論する。議題がはっきりしないために、さまざまな議論を行うためのコンテクストも明確にならない。あげくに出席者は、討論すべきか、議決すべきか、ブレインストーミングすべきか、発言すべきか、あるいは傍聴すべきかがよくわからないので、ほとんど何も決まらない。

会議を効果的なものにするには、複数のタイプの会議と、その目的、形式、タイミングを明確に設定する必要がある。

そこでこの「実践編」では、会議の2つの根本的な問題、すなわちドラマの欠如と組み立ての欠如について、さらに詳しく検討する。また、それらの問題に対処する具体的な方法と、その際に解決すべき課題についても触れる。

問題❶ ドラマの欠如

会議は本来、退屈なものではない。そもそも会議とは、人が集まり、自分たちの生活に関係のある課題を話し合うダイナミックなやり取りのことだ。ではなぜ、会議は多くの場合、退屈なのだろうか? それは、人間のあらゆる活動を面白くするのに必要なある大切な要素を除外しているからだ。その要素とは、対立だ。

私は、大学で映画脚本の授業を受けたことがあり、趣味で何本かの脚本を書いたこともある。そのために勉強し、技術を磨く間に、ドラマには会議と密接に関係する要素があることに気づいた。

素晴らしい映画はすべて、その中心には対立がある。対立はドラマの必須要素であり、観客を引きつけ、夢中にさせる要因なのだ。それがどんなタイプの対立であっても、対立なしでは観客が興味を失ってしまう。例えば、『スターウォーズ』のルーク・スカイウォーカーとダース・ベイダーに見られる人間対人間、『ジョーズ』のブロディ署長と鮫に見られる人間対自然、『ビューティフル・マインド』で自分の精神障害と闘うジョン・ナッシュにおける人間対自分自身などがそうだ。

ところで、映画と会議にはどういう関係があるのだろうか。このように考えてみよう。ほとんどの映画は、20分ぐらいの誤差はあるものの、ほぼ2時間の長さだ。多くの会議も、20分ぐらい前後することがあっても約2時間。

経営幹部でいっぱいの会議室で、会議と映画のどちらが楽しいかと聞いてみよう。彼らは、私が冗談で聞いていると考えるだろう。だが、会議のほうが映画よりも面白いはずなのだ。会議には、映画以上に熱くなったり、興味を抱いたりする可能性がもともと備わっているのだから。イップ・ソフトウエアの話を飛ばして、この部分だけを読んでいる人には、ばかげた話に聞こえるだろうが、これが真実である。その理由を説明しよう。

会議VS映画

第一に、会議は対話型だが、映画はそうではない。会議中だったら、誰かの発言をさえぎって「結論を考え直すべきだと思います」と言ってもかまわない。だが、映画の場合には、スクリーン上の俳優に向かって「おいおい、家に入るなよ。頭を切り落とされるぞ！」と叫んでも仕方ない。映画を観に行く場合には、受け身の傍観者であり、参加しているわけではないからだ。

第二に、会議は私たちの生活に直接影響するが、映画は違う。会議中に下される決定は、今後の時間とエネルギーの使い方に影響する。一方、映画が終わったところで、生活に目に見える変化はない。ストーリーの結末がどうであろうと、私たちの行動指針を変える必要はまったくないのだ。

それでは、本質的に受け身で関連性のない活動は楽しめるのに、互いに作用し合うような関連性のある活動を嫌うのは、どういうわけだろう。それは、映画の脚本家も監督も、話の流れに対立の芽を植え込んでおかなければ誰もその映画を観たいと思わないことに、ずっと前から気づいているからだ。彼らはさらに、最初の10分間で観客の心をつかむようにしなければ、残りの2時間、観客を引きつけておくことはできないことも知っている。

つかみ

会議にドラマの要素を取り入れるコツは、はじめから筋書きを設定しておくことにある。

会議の最初の10分で出席者を多少なりとも動揺させる必要がある。それによって、彼らは課題が何であるかを理解し、その意義を認識するからだ。

そのためには、リーダーが間違った決定に伴う危険を指摘したり、迫りつつある競合他社の脅威を強調したりする必要があるかもしれない。あるいは、これは組織の大きな使命への取り組みであるということや、顧客、社員、社会全体に対する影響について訴えてもいい。だが、それがとんでもなくわざとらしく感じるなら、次の例について考えてみよう。

経費管理に関する会議が始まろうとしている。

まずは典型的な会議開始の場面だ。

「みなさん、我々は12パーセントも予算を超えています。出張に経費を使いすぎているからです。今後は、会社のガイドラインに沿って、経費の見直しを徹底する必要があります」

次に、よりドラマチックな会議を見てみよう。

「みなさん、我々は経費削減について話し合うためにここに集まりました。あまり気持ちのいい話ではないと思います。でも、我々の経費の使い方に常に興味を抱いている人が大勢いることに思いを馳せてみてください。競合他社は、我々が会社のお金を浪費することを望んでいます。しかも、彼ら自身、必要のない出費を減らす方法を見つけようとしているのです。また、我々の顧客は、不要な出費の穴埋めをするために我が社の製品に大金を払おうとはしません。我々の家族にしても、出張費や交際費ではなく、給料がもっと増えるのを望んでいるはずです。ですから、危機感を持ってこの問題に取り組みましょう。私は限られた資金を、我が社の株主の意に沿うように使いたいと思っています」

出席者は、『ハムレット』であることを期待しているのではなく、自分たちが関心を持てる理由を探している。それこそが、会議のリーダーに求められていることなのだ。

皮肉なことに、ほとんどのリーダーは、ドラマ的な要素をあえて排除したり、最小限に抑えようとしたりして、健全な対立を避けようとする。その結果、出席者の関心は失われてしまう。

はたして私は、会議に関心を持たせるために、劇的な要素を盛り込み、出席者の間に対立をもたらすよう勧めているのだろうか。まさにそのとおりだ。そして、会議のリーダーにも出席者にも、対立を掘り起こすよう勧めている。

対立を掘り起こす

知的な人たちが重要な問題について話し合えば、意見に食い違いがあるのは当たり前だ。それはまた建設的でもある。その話し合いによって会議は、生産的で、魅力的で、愉快なものにさえなる。

話し合う価値があり、意見の相違が予想される問題を避けようとすると、会議はつまらないものになる。それだけでなく、問題は解決されずに終わってしまう。そしてこれが、失望感を引き起こす。皮肉なことにこの失望感は、あとになって、意味のない個人的対立や権力闘争として表面化する場合が多い。

だからこそ、会議を主導するリーダーは、出席者が意見を異にする重要な問題を掘り起こし、それを表面化させることに注力する必要がある。また、出席者がそのような議論に加わるのを嫌がった場合には、リーダーは議論を強いる必要がある。そのせいで一時的に嫌われることになったとしても、リーダーはそうしなければならないのだ。

経営幹部やそのチームと仕事をするとき、私はできるだけ対立を掘り起こそうとする。するとほぼ確実に、多くの役員があとから私のところにやってきて、次のようなことを言う。「あの問題に正面から立ち向かわせてくれてありがとう。あれを避けていたせいで、我々の会議はとても雰囲気が悪かったし、みんなもそれがよくないことをわかっていた」

実のところ、厄介な課題に取り組むより難しいことがひとつある。その課題がそもそもなかったように振る舞うことだ。課題に直接取り組まずに廊下で内緒話をするのは、その問題を会議のテーブルにのせて正面から立ち向かうより大きな損失になる、と私は思う。

当然ながら、対立に慣れていない人に対立を促すのは簡単なことではないが、私はそれを容易にする方法を見つけた。

対立の承認

会議のリーダーが出席者に、もっと対立を期待していると伝えると（このことははっきりと伝える必要がある）、出席者が最初のリスクを冒して互いを活発な論争に引き込もうとする瞬間がやってくるはずだ。このときばかりは、気持ちの準備が整っていたとしても、気まずい雰囲気になるはずだ。

このような状況では、居心地の悪さをできるだけ抑えて、対立を継続させる可能性を最大化する方法がある。リーダーが口を挟んで、出席者が議論を戦わせ合うのは正しいことなのだと再確認させることだ。一見すると簡単なことであり、それと同時に、上から目線の行為のようにも思えるが、とても効果がある。

その効果の程度を確認するために、先ほどの物語の登場人物に再登場してもらおう。

まず、次年度の広告プランについてコナーがプレゼンする。

続いて、ソフィアがリスクを冒してコナーに向かって言う。

「あなたの新しい広告案には、賛成できません」

ソフィアはいささか緊張しているようだ。それはコナーも同様だ。

「それで、どこが気になるのかな？」

「先月話し合ったブランド戦略と合わないような気がするし、顧客も混乱するんじゃないかしら」

コナーは、少しいらいらした様子を表に出し始めた。

「先週、我が社のブランド戦略を請け負っている会社が広告の見直し作業をしたけど、何も問題はないと言っていたよ」

ソフィアの顔がうっすら上気する。

「たぶん、彼らはしっかり見なかったのだと思う。あるいは、私たちの顧客をそれほどよくわかっていないのよ」

コナーがため息をつくと、ケイシーが口を挟む。

「そのまま続けてもらいたいところだが、その前にちょっと言わせてほしい。私が、会議にもっと対立を組み込まなければならないと言ったのは、まさしくこういうことなんだ。コナー、君にとっては、自分のこれまでの仕事を見直さなければいけないなんて面白くないかもしれない。でも、最終的に結果につなげるために君に問いただすのが、ソフィアの仕事なんだ。それは我々全員の仕事でもある」

ケイシーの言葉には、次のような効果があるはずだ。

コナーとソフィアは、2人の間に生じていた意味のない緊張から解放される。その結果、彼らはこの問題に対する熱意を失ったり、周囲から嫌われないかと不安に駆られて弱気になったりすることなく、自分の意見を主張し続けられる。

ところが残念ながら、切実で興味をそそる対立が詰まった、きわめて劇的な会議を準備し、取り仕切る術をリーダーが身につけたとしても、それだけでは十分ではない。というのも、会議にはもうひとつ大きな問題があるからだ。

問題❷ 組み立ての欠如

私が仕事として関わってきたどんな組織でも、規模や業種や地理的条件にかかわらず、会議となると、誰もが同じようないらだたしい経験をしている。

代表的な例として、月曜日の朝、9時から11時まで開かれる定例のスタッフ会議を考えてみよう。リーダーはあらかじめ5つか6つの議題を考え、それを事前に出席予定者に伝え、何らかの反応やコメントや追加事項がないかを確認する。当然ながら回答はない。

会議はおおよそ9時に、最初の議題（必ずしも最重要の議題とは限らない）から始まる。開始から1時間はその議題の話し合いが占めることになる。出席者はそこにずっといなければならないとわかっているので、言うべきことを何かしら見つけるからだ。

次に、2番目の議題（これも必ずしも2番目に重要なわけではない）が、次の45分を占める。その結果、残りの3項目（これらもまた、最重要項目であるかもしれないし、違うかもしれない）と、誰かがどうしても討議されるべきだと考えた、他の実務上もしくは戦術や戦略に関わる議題には、15分しか残らないことになる。

会議は、それぞれが不満を抱えて11時20分に終わる。

ひとりは、会議がまた予定時間をオーバーしたことに憤慨している。すでに次の会議も遅れ、その日の予定がすべて遅れることになる。

もうひとりは、自分が持ち出した議題が会議終了の直前まで取り上げられず、時間も足りずに、みんなの関心も薄れてしまったことに腹を立てている。

さらに他のひとりは、会議が管理面の話だけに集中してしまい、競合戦略やブランド戦略などの重要な戦略問題に焦点が当てられなかったと考える。

また、その向かいに座っていたひとりは、ブレインストーミングが多すぎて、経費の抑制や休暇の方針といった差し迫った戦術的な問題の解決に集中する時間が足りなかったと考えている。

最後のひとりは、またもやピクニックの最終的な日程が決まらなかったことを不満に思っている。

そしてリーダーは、出席者たちの不平に傷つき、多くの出席者がそれぞれ違う問題に対して不満を感じていることにあ然としながら立ち去るしかない。次の会議こそ、もっと実務的で戦略的なものにしなければ。しかも短時間で。そう、ピクニックの日程もきちんと決めなければ……と考える。

この例は、あなたの所属先で行われる会議とまったく同じではないかもしれない。しかしこれは、私がいろいろな会社で出会う問題の多くを代表するものだ。これらの問題がすべて合わさると、私が「ごちゃ混ぜ会議」と呼ぶ大混乱となる。

ごちゃ混ぜ会議

会議の組み立てについてリーダーが直面する最大の問題は、あらゆる種類の問題をすべて一度の会議ですませようとすることだ。あたかも、そこにある食材を何でも投げ入れてしまった、おいしくない煮込み料理のように。時間の無駄を省こうと、リーダーは毎週あるいは隔週に1回だけのスタッフ会議を開くことにする。そこで、会議室に2時間、3時間、あるいは4時間も座って、販売戦略から始まって、経費の方針、合併の可能性、従業員の表彰制度、予算、ブランド戦略など、何から何まで詳細に話し合った末に、各自がようやく、それぞれの「実際の仕事」に戻っていく。

残念なことに、このような会議は、誰にとっても不満の残るものとなる。どうしてだろう？　データや戦術的な情報を効率的に共有することを会議に求める人々がいる一方で、会議は双方向かつ戦略的で、主要なデータと分析を提示し、重要な決定をすべき場だと考える人もいるからだ。他にも、一歩下がってゆったりと構え、会社の文化やそこで働く人について有意義な話をしたがる人もいれば、ただ単にきちんと結論を出して次に進みたい人もいる。一体、誰が正しいのだろう？　誰もが正しい。だから問題なのだ。

4種類の会議

目的が異なれば、会議の種類も異なるはずだ。それぞれの会議が重要な役割を果たす必要がある。そこで、どんな組織にも、4種類の基本的な会議からなる次のようなシステムを採用するよう提案したい。

①毎日の確認会議

この会議は、必ずしもあらゆる組織にとって実用的とは言えないので、躊躇するところだが、有効に利用できる組織にとっては強力なものになる。また、有効に使えない場合でも、その理由を理解しておけば役に立つ。

毎日の確認会議は、私の友人、ヴァーン・ハーニシュからアイデアを拝借したものだ。ハーニシュは『会社が急成長するロックフェラー式「黄金の習慣」』（ＰＨＰ研究所）という著書のなかで、これと似た会議を「ハドル（円陣）」と呼んでいる。毎日の確認会議では、毎朝チームメンバーが集まって、立ったまま5分間、その日のそれぞれの活動について手短に報告する。

優先事項を実際にどのように行動へ移すかに関して、メンバーが混乱を起こさないようにするのが、毎日の確認会議の目的だ。毎朝確認することによって、その日にやるべきことを見落とさず、誰も互いの領域を侵すことなく手短に話し合う機会が生まれる。重要なのは、この会議のおかげで、時間の無駄でしかないスケジュール調整のメールのやり取りを省けることだ。

だが、チームメンバーによって働く場所や働く時間がばらばらの組織にとって、毎日の確認会議は実用的ではないかもしれない。確認自体は電話を使ってもできるが、この方法を採用するのが適さない組織が苦労してこれを実践することはお勧めできない。毎日の確認会議は、すべてのチームに必要不可欠な会議ではないものの、役員間の連携を高めたい組織にとっては有益な手段になりうる。

・避けられない課題

毎日の確認会議を定着させるにあたっての課題は、それがチームメンバーの日課の一部になるまで、「初めのうちは我慢させる」ことだ。毎日の確認会議が定着する前に、多忙なメンバーが会議の廃止を画策するということも容易に考えられる。

それを避けるには、会議時間と場所を一貫して変えないでおく必要がある。また、オフィスにたとえ2人しかメンバーがいない日でも、会議を中止しないことが重要だ。

さらなる難題は、毎日の確認会議を「5分に制限する」こと。チームメンバーが親しくするために会議が制限時間をわずかに超えるのは、何も問題ない。だが、毎週の戦術会議で取り上げられるべき問題を毎朝の会議で議論しようとして制限時間を超えるのは、大きな問題だ。やがては、毎日のスタッフ会議のようになって、誰もが飽き飽きしてしまうだろう。

そうならないようにするには、毎日の確認会議を立ったまま進めること。そして、無理してでも会議を10分以内に終わらせるという決まりを、チーム全員が重んじることだ。

最後に、これらの問題を回避するために、会議が機能しているかどうか判断が下されるまでの一定期間（2か月ほど）、毎日の確認会議を実行し続けることを提案したい。

②毎週の戦術会議

どんなチームでも、さしあたっての課題である戦術的な問題だけに議題を絞った会議を定期的に開く必要がある。この会議が毎週か隔週かは、それほど重要ではない。大切なのは、常に全員が出席することと、規律意識を持って一貫した構成で実施することだ。

毎週の戦術会議は、45分から90分程度、次の項目をはじめとするいくつかの必須要素で構成される。

・状況報告

これは、出席者全員が手短にその週の優先事項を2つ3つ知らせる連絡会議だ。出席者はそれぞれ1分（60秒！）以内で自分がやるべき仕事を簡潔に説明しなければならない。つまり、人数の多いチームでも10分あれば完了できる。

この状況報告が会議の方向性を定めることになる。とても重要な会議なので、出席者全員が組織内の実際の活動を実感できる。そのため、チーム全体が潜在的な無駄や認識のずれ、あるいは他の早急な処理を要する問題などを特定しやすくなる。

・進捗状況の見直し

毎週の戦術会議で次に重要なのは、収益、経費、顧客満足度、在庫などについての必要不可欠な情報や指標の定期的な報告だ。報告される内容は、業種や状況によって変わる。大切なのは、成否に影響する指標についての進捗を見直す習慣をつけること。すべての指標を取り上げる必要はない。おそらく4つから6つでいいだろう。この見直しは、数字の確認のための簡単な質疑も含め、5分以内ですませるべきだ。根本的な問題に関する時間のかかる議論はここでは行わない。

・随時の議題

状況報告と進捗状況の見直しが（通常は会議の開始から15分以内で）終わると、議題について話し合うことになる。会議についての従来のやり方とは異なり、毎週の戦術会議の議題は会議前には決めずに、状況報告と定期的な報告が終わってから決められる。なぜなら、ここでの議題はリーダーが会議の48時間前に頭を絞ってたどり着いた推測ではなく、メンバーの取り組みと、会社の業績目標に対する現在の状況に基づくものであるべきだからだ。重要な情報がもたらされる前に、優先順位を設定するのは賢明ではない。

したがって、会議のリーダーには、私が「自制ある自発性」と呼ぶ資質が必要になる。これは、議題を前もって準備したいという気持ちを抑えて、会議の最中に議題が生まれるようにすることを意味する。それによって会議が思った方向に進まない場合もあるかもしれないが、その分、会議は現実的で効果的なものになる。

リアルタイムで議題を決めることは、たいして難しいことではない。重要な議題はその時点で容易に見分けられるからだ。議論されるべき課題が必然的に、いくつか浮かび上がってくるはずだ。「売上に弾みをつけるために、今月、宣伝を増やすべきでは？」「我々の製品の問題について営業部か事業開発部がアナリストと話し合うべきではないか？」「雇用を制限すべきか、増やすべきか？」「出費の超過について、どのような対策が必要か？」というような、短期の目標達成が危うくならないように取り組まなければならない戦術的課題である。

毎週の戦術会議では、最優先すべき目標が2つある。問題の解決と透明性の強化だ。障害を見極め、それを除去しなければならない、また、全員が共通認識を持つことが必要だ。

・避けられない課題

毎週の戦術会議を成功に導くには、いくつかの障害を取り除かなければならない。

最初の障害は、どのようなかたちであれ、「事前に議題を用意したいという気持ち」だ。

そういう気持ちになるのも理解できるが、賢いやり方ではない。毎週の戦術会議に先入観を持たずに出席して、現実の活動と目標に対する進捗状況から、自ずと議論すべき課題が決まってくることが重要だからだ。

もうひとつの問題は、出席者の「状況報告が細かすぎる」ことだ。これは他の出席者の気をそらし、チームとして話し合い、解決すべき課題を適切に見極める力を鈍らせる。

状況報告の際の各自の持ち時間を60秒にとどめれば、この問題を回避できる。主要な活動を手短に要約し、1つか2つの補足質問に答えるには60秒で十分だ。信じられなければ、時計の秒針を60秒間、見つめてみよう。思ったより長く感じられるはずだ。その間に多くの情報を伝えられる。

毎週の戦術会議を効果的にするには、この2つの障害に加えて、「長期的な戦略問題に関する議論を始めたがる気持ち」という、避けなければならない重大な障害を考慮する必要がある。

毎週の戦術会議では、大きな問題を十分に議論する時間が足りない。重要かつ複雑な議題の場合は、ブレインストーミング、分析、事前準備のための時間が必要だ。また、どれほど優秀な役員であっても、重大性の異なる議題、たとえば出張で飛行機のビジネスクラスを使う方針を変えることの是非と、競合他社との合併の是非の間で頭を切り替えるのは、簡単なことではない。それは、夫婦が子供のしつけの問題と夕食を何にするかを、同時に話し合うようなものだ。

会議の最中に戦略的な議題と戦術的な議題を取り違えてしまうと、結果的に、戦術的に回避できない障害に直面したリーダーが、戦略的な決定を再考しがちになる。毎週の戦術会議を特定の短期的な議題に限定するには、出席者が、すでに結論の出ている長期的な決定を撤回せずに、問題の解決に集中しなければならない。

この障害を乗り越えるには、規律が必要だ。戦略的な問題が提起されたとき（これを避けるのは難しい）、リーダーはそれを俎上に載せないで、戦術会議とは別の会議、たとえば毎月の戦略会議で討議される議題に加えることが重要だ。

③毎月の戦略会議

毎月の戦略会議は、どんなチームにとっても、最も楽しく、重要な会議だ。この会議では、役員たちが、ビジネスに根本的な影響を与える（少数の）重要な問題に真剣に取り組み、分析し、議論を戦わせ、決断を下す。期限や戦術に関連することに気を取られることなく、1つか2つの議題についてじっくりと取り組める。

この戦略会議に費やす時間は、議題によって変わる。議題ごとに最低でも2時間かけられるようにすれば、出席者は気兼ねなく対話したり、議論を戦わせ合ったりできる。

こうした会議を毎月1回にするのか2回にするのかは、さほど重要な問題ではない。重要なのは、毎週の戦術会議によって明らかになる、重大な戦略上の問題を話し合うための「受け皿」として、定期的に戦略会議を開くことだ。戦略上の問題をきちんと話し合う場があるとわかれば、役員たちは安心して重大な問題に取り組めるからだ。

・臨時の戦略会議

場合によっては、予定されている次の月例戦略会議まで待てないような、戦略上の（あるいはそれ以外の）重大な問題が、毎週の戦術会議で浮上する場合がある。しかも、その問題は週ごとの戦術会議で取り上げればいいというものでもない。

そういう場合には、特定の問題に対処するためだけの臨時会議を開いたほうがいい。この会議は、議題に応じて役員が気持ちを切り替え、十分な時間をかけて分析と議論を適切に行えるように、毎週の戦術会議とは明確に区別する必要がある。そのために役員たちがその日の残りの時間をこの会議に割かなければならなくなったり、夜まで議論を続けなければならなくなったりしても、やむをえない。真に重要な問題であれば、それくらいの犠牲は払わなければならない。

臨時の戦略会議は、さまざまな意味で、組織にとって最も重要な会議だ。この会議によって、日々持ち上がる課題、緊急だがさほど重要ではない課題を脇に置いてでも取り組むべき戦略的問題があることを、役員たちが自覚していることがわかる。危機感をもって一致団結してこれらの問題に取り組めば、退屈な会議を繰り返している競合他社よりも優位に立つことができるだろう。

だが、このような戦略会議をいつでも開けるのなら、戦略会議を毎月開く意味はあるのだろうか。答えはイエスだ。重要な問題を定期的に討議する会議を予定に入れておかなければ、4か月後になって、戦略的な問題を話していなかったと後悔することになるからだ。定期的な会議を予定しておくのは、戦略会議が途中で放棄されないようにする大切なステップなのである。

・避けられない課題

毎月の戦略会議（臨時も含めて）を実行するために障害となるのは、「会議に必要な時間を十分に確保しないこと」だ。日々、時間に追わる役員たちが、1つか2つの議題を話し合うのに3時間も4時間も確保するのは、口で言うほどやさしくはない。それでもこれは重要なことだ。問題の核心や隠れた課題を表に出すためだけに、月例戦略会議の最初の45

分間を費やすべきときもある。

また、時間を十分確保しないことと関連して、「会議にあまりにも多くの議題を盛り込みすぎる」という問題もある。すべてを議論したいと役員が考えている限り、この問題は避けて通れない。だが残念なことに、それでは最重要課題の議論の質が下がることになる。

それぞれの議題に十分な時間を割り当てることで、これら2つの障害を避けられる。というのも、3つの解決すべき課題があれば、1つだけのときより、会議の時間はずっと長くなる。繰り返しになるが、この場合、みんなの予定を丸一日空ける必要があるとしてもやむをえない。

ほとんどの役員は、自分たちの予定の中に戦術や経営管理に関する課題を過剰に抱えている。だがそのほとんどは、アドレナリン中毒のせいで分刻みのスケジュールを組まざるをえないからだ。だから彼らは、一日の時間のすべてをかけて戦略について議論することに最初は抵抗する。日々の活動に遅れが出るのが心配だからだ。ところが、ひとたび戦略上の課題について議論する時間があれば、ほとんどの場合、それを喜ぶはずだ。午後の時間を会議に取られても、充実感を得られるのだ。

戦略会議がうまくいかないもうひとつの理由は、事前に「調査や準備をしておかない」ことにある。少しでも準備すれば、議論の質と結論に格段の差が出る。往々にして見られる、その場しのぎの決定を免れることにもなる。事前準備を確実なものにするには、月例あるいは臨時の戦略会議で討議される問題について、できるだけ早くチームメンバーに知らせておくことだ。リーダーがメンバーに、必ず準備をして会議に臨むようにと指示すべきなのは言うまでもない。

最後に、もうひとつの障害について触れておかなければならない。その障害とは、「対立を恐れる」ことだ。月例にしても、臨時にしても、戦略会議では出席者が偏見なく建設的な意見を出すつもりがなければ、効果的なものになるはずがない。これはまた、次に紹介する四半期ごとの社外会議にも当てはまる。

④四半期ごとの社外会議

役員の社外会議は、時間の無駄で、無意味な馴れ合いにすぎないと言われることが多い。実際にそのとおりのことも多い。役員たちがゴルフをしようが、木から落ちる同僚を受け止めようが、みんなが揃って真の自己を探ろうが、多くの社外会議は組織にとって持続的な恩恵をもたらすことはほとんどない。

時間とお金、さらには参加者の威厳までも犠牲にするのは、もったいないと言うほかない。組織運営に貢献する他のすべての会議と比べても、社外会議には、果たすべき重要な役割があるのだから。

・取り上げるべき課題

効果のあがる社外会議は、常に役員の頭の中を占めている、週ごとの、あるいは毎月の課題から一歩引いて考える機会を与えてくれる。それによって、全体的・長期的な観点から再検討できるのだ。四半期ごとの社外会議を生産的なものにするには、次の点についてじっくり考え、議論する必要がある。

- 包括的戦略の見直し……役員は、戦略的方向性の再評価を、多くの人がするように毎日ではなく、年に3～4回実施することが望ましい。業界が変化したり、新たな競合他社が登場したりすれば、取り組み方を変える必要が生じる。時代の流れについていくには、年に一度あるいは半年に一度だけ戦略の見直しするのでは不十分だ。
- チームの見直し……役員は、自分たちの行動を定期的に評価し、組織の役に立っていないような動向や傾向を見極めることが望ましい。多くの場合、役員たちが個人的なレベルで交流し、チームへの集団的コミットメントを自覚できるように、いつもとは異なる環境が必要になる。

● 個人の見直し……役員は、部署を超えて、組織内の主要な社員について年に3〜4回は話し合うことが望ましい。個々の役員はそれぞれ、社員の誰が優秀で、誰が成績不振であると考えているかについて知っておいたほうがいい。それによって、異なった経験と視点からの見方ができ、それまで抱いていた認識が変わることもありうるからだ。また、協力して成績優秀者を育成し、成績不振者をも同様に支援できるようになることが重要だ。

● 競合他社および業界の見直し……競合他社と業界の傾向に関する情報は、少しずつ時間をかけて組織に入ってくる。役員が一歩下がって、より包括的な視点で周囲の出来事を観察すれば、貴重だが断片的な、隠れたトレンドにも気付くことができる。どんなに優れた役員でも、日々の業務に忙殺されてしまうと、木を見て森を見ない状況に陥りやすい。

・避けられない課題

四半期ごとの社外会議を効果的なものから遠ざける、さまざまな障害がある。いずれも個別にはそれほど危険ではないが、いくつかが合わさると、この重要な会議の効果を削いでしまう可能性がある。最終的には、会議自体が成り立たなくなってしまうこともある。

そのような障害のひとつが、「詰め込みすぎや、組み立てが複雑すぎる」ことである。スライドを使ったプレゼンテーションや、情報提供の長ったらしい講話がぎっしり詰まった会議が行われることが多い。だが、四半期ごとの社外会議の目的は、組織の現状について振り返り、話し合うことであって、役員たちにプレゼンしたり、報告書を提示したりすることではない。

もうひとつの障害は、会議を「あまりにも大げさにしたがる」こと。たとえば、長旅を強いるようなエキゾチックな場所で開催したり、交流活動を過剰に用意したりする傾向である。社外に出かけるのは、会議の出席者に楽しい思いをさせるのが目的ではなく、日々の雑事から離れてもらうためだ。その目的を達成するには、1時間ほど車に乗って、快適なホテルや会議センターに行くだけでいい。アルバ島やハワイに飛んでいっても、気が散る原因を取り除くことはできない。ひとつの邪魔（仕事の中断する電話やメールなど）が別の邪魔（シュノーケリングやゴルフなど）に入れ替わるだけだ。

もうひとつ、興味深い問題として、さまざまな人と出会う名目で「部外者を会議に招く」ことがあげられる。部外者を招くのは、インプットの増加、社員のコミットメント、情報の開示などの点から魅力的に思えるかもしれない。だが部外者の参加は、チームのダイナミズムを変えてしまう。部外者をひとりでも加えると、その人がどれほど好人物で情報に明るかったとしても、チームの結束を固めるという、社外で会議を開く重要な理由のひとつが失われることになる。

だが、例外がある。それは、社外からファシリテーター（進行役）を招くこと。信頼を得ていて、会社の事業内容をわかっている人物。自分のためではなく、チームの目標を達成させようと応援してくれる人物だ。このようなファシリテーターを依頼する最大の利点は、チームのリーダーも存分に論議に参加できることにある。

（注：以下の「まとめ」は、映画やテレビと比較したものではないので、物語に出てくるものとは少しだけ異なる）

4種類の会議まとめ

①毎日の確認会議

- 所要時間……5分
- 目的と構成……当日の予定と活動の共有
- 成功の秘訣……立ったまま行う／管理上の問題に限定する／出席できない者がいても中止しない

②毎週の戦術会議

・所要時間……45分～90分

・目的と構成……その週の活動と数値目標の見直し／戦術的な課題の解決

・成功の秘訣……最初の報告が終わるまで議題を決めない／戦略の話は先延ばしにする

③毎月の戦略会議（または臨時の戦略会議）

・所要時間……2時間～4時間

・目的と構成……長期的な成功に影響を与える重要問題の討議・分析・ブレスト・決定

・成功の秘訣……議題は2つまでに絞る／準備と調査／適切な対立を避けない

④四半期ごとの社外会議

・所要時間……1日～2日

・目的と構成……戦略、業界の傾向、競合状況、主要人事、チーム育成

・成功の秘訣……オフィスの外に出る／仕事に集中し、交流イベントを制限する／詰め込みすぎたり、複雑なスケジュールを組んだりしない

最大の障壁――「会議が多すぎる」という神話

あるとき友人たちに、『決める会議』という本を執筆中だと話すと、だいたい同じような反応が返ってきた。彼らは、私が会議の回数を減らすように勧めると思ったのだ。おそらく、読者のみなさんも同じだろう。

だから、毎日の確認会議、毎週の戦術会議、毎月の戦略会議、それに四半期ごとの社外会議と聞いて、あなたは「どうかしている。こんなに会議ばかりやっている時間がどこにあるというのだろう？　これでも会議がありすぎるというのに」と思っているかもしれない。

現在、会議の大半の時間が無駄に費やされている。それは事実だろうが、この問題を解決するには、会議をなくすのではなく、会議をよくする必要がある。なぜなら、会議を有効に使えば、実は時間の節約になるからだ。

これは真実である。優れた会議は意思決定を迅速にし、繰り返し同じ問題を取り上げる必要をなくし、業務の執行を改善する機会をもたらす。それだけではない。よい会議は組織内で不必要に繰り返される無駄な動きを減らし、一見するとわかりにくいが大きな利点を生み出す。それがわかりにくいのは、「スニーカータイム（こっそり逃げていく時間）」とでも呼びたい謎の時間を説明できないためだ。

スニーカータイム

私の知っている経営幹部のほとんどは、会議中に明確にされるべきだった問題点をはっきりさせようと、メールを送ったり、留守番電話にメッセージを残したりして、時間を無駄にしている。それでも誰も、このように過ごされる時間を、会議に費やされる時間に足そうとはしない。

私は、こういうスニーカータイムこそが、企業国家アメリカで最もとらえがたく、危険で、過小評価されているブラックホールだと考えている。組織における役員チームの基本的な関係に目を向ければ、このことを理解できる。

役員が7人だけだとしても、全員の共通認識を得るのに、一対一の人間関係の組み合わせが21通りある。ひとりですべてを完全に把握するのは、ほぼ不可能だ。

組織全体を見渡せば、この7人にはそれぞれ部下が多数いて、彼らも互いに認識を共有する必要がある。そう考えれば、コミュニケーションの難しさは劇的に増し、浪費される時間やエネルギーが大いに増大する。会議の間に問題点を明確にして、共通認識を得ることができなければ、組織内で誰が何をしていて、それがなぜなのかを知ろうとする役員と直属の部下たちによる動きが、巨大なうねりを引き起こすことになる。

あまり知られていないが、スニーカータイムは、一日のあらゆる活動に紛れ込んでいる。そのため、無駄な時間というカテゴリーに入るとはみなされていない。

私はいつも、会議の終わりが近づくと役員たちが時計を確かめ、「実際の仕事に戻る」という理由で会議を終わらせるよう、CEOに訴えるのに驚かされる。彼らの言っている「実際の仕事」とは、大抵は、部屋に戻ってメールや留守番電話に返事すること意味している。というのも、あまりにも多くの社員が、自分は何をしたらいいのかわかっていないからだ。

これではまるで、「会議をこのあたりで終わりにできませんか？　これから、以前の会議の後で部下たちに説明していなかったことを説明しに走り回らなければならないので」と言っているようなものだ。

会議で明確な結論を導き、了承を得るための時間を取らなければ、結果的に、後始末にかかる時間が増大する。優秀な人でも、なかなかそのことに気づけない。だが、無理もないかもしれない。

会議について、最後に思うこと

ひどい会議は、それを我慢しなければならない人に犠牲を強いる。これは、一瞬の不満にとどまるようなものではない。悪い会議と、その会議が誘発するものは、怒り、無気力、不信感というかたちで現実の苦痛を生み出す。これは、組織に深刻な影響をおよぼし、なおかつ、人々の自尊心、家族、さらには人生観にも影響を与える。

したがって、組織とそこで働く社員を率いる者にとって、会議をよりよいものにすることは、業績を伸ばす機会を与えてくれるだけにとどまらず、人々に肯定的な影響を与える手段にもなるのだ。

次に示すのは、毎週の戦術会議の運営に役立つ簡単な表のサンプルだ。ぜひ活用してほしい。（このテンプレートや、その他の関連ツールは以下のURLから無料でダウンロードできる → www.tablegroup.com）

毎週の戦術会議ノート

日付＿＿＿＿＿＿

状況報告のメモ

主要な数値目標

	遅れ	目標どおり	超過達成	不明
1.				
2.				
3.				
4.				
5.				

戦術的議題

1.
2.
3.
4.
5.

議題候補

-
-
-
-
-

決定事項・実施事項

伝達事項

謝辞

感謝の気持ちを伝えたい人が大勢いる。

まず、妻のローラ。その誠実さと情熱と信念に。そして毎日、私と、何よりも大切な息子たちへの愛と献身に。それから、3人の息子、コナー、マシュー、ケイシー、ありがとう。毎日の生活を喜びあふれるものにし、ホテルの部屋を訪れ、執筆の寂しさを紛らわせてくれたことに。

さらに、私の会社、テーブル・グループの謙虚でお腹をすかせたスタッフにも感謝する。みんなの才能、献身、そして友情は、一緒に過ごす年ごとに、私にとってより大切になってくる。この本の執筆が順調に進むように配慮し、細部と内容の質に驚くほど細心の注意を払ってくれたトレーシー・ノーブルにも感謝したい。私と私たちの会社を機能させるために、把握しきれないほどの、無私の奉仕を何年にもわたって捧げてくれたエイミー・ハイエット。執筆中に留守を守ってくれたジェフ・ギブソン、その寛大さと誰からも学ぶ姿勢に。ささいな仕草のすべてがとても優雅な女性、カレン・アマダー。ミッシェル・ランゴー、その勇気と情熱に。アンバー・ハンター、君の辛抱強さと献身に。そして、私が毎日みんなと楽しく過ごすのを許してくれる、その家族にも感謝したい。

もちろん、生物学的、歴史的、経済的な理由から両親にも感謝する。今にいたるまで何年にもわたる全面的でたゆまぬ支援に対して。さらに、リタマリーとマーク・テニソン、ビンスとノラ・レンシオーニにも、どこにいようがあなた方から感じる愛と支持に対して。

編集者のスーザン・ウィリアムズには、執筆を重ねるごとにわかるようになった、その安定性、洞察、そして信頼に感謝する。出版社のジョシー・バスとワイリーのみんな、エリック・スラッシャー、トッド・ベルマン、ジェシカ・チャーチ、ロブ・ブラント、ジェフ・ウィネケン、デボラ・ハンター、セドリック・クロッカー、ロブ・ダイアー、リック・グレッシュ、ディーン・カレル、ウィル・ペッシェ、その他多くの人々のコミットメントとアイデアにお礼を言いたい。

私のエージェント、ジム・リバインにも、その助言と、私と私の会社への心からの気配りに感謝する。

シャーロット・ロジャースには、息子たちの面倒をみて、ローラと私が正気を保てるようにしてくれて、ありがとう。

私が苦心しているときに、洞察に満ちた本質的なフィードバックをくれた特別な「読者」

のみなさん、ジョン・ロドリゲス、スーザン・ビーンズとジョン・ビーンズ、ジャン・コバクス、マーク・ウェイディック、リック・シュルツにも謝意を表する。そして、私が執筆中は何カ月も会ったり、連絡したりできなかった友人たちにも感謝しておく。ビーン家、カールソン家、ガーナー家、ベリ家、ボール家、パッチ家、イーライ家、ベリー家、ギルモア家、グルーバー家、フレイジアー家、ハミット家、グロニンジャー家、ローブル家のみんな、その他、おそらく連絡しても返事は返ってこないであろう多くの人たち。

ここ数年の間、私と同僚に彼らの組織で仕事をさせてくれて、従業員と話をすることを許してくれた、すべてのクライアントにもお礼を言いたい。ここにみなさん全員の名前をあげる紙幅の余裕はないが、私が、どれほどあなた方の信頼と情熱と寛大さに感謝しているかは言い表せない。

私たちのテーブル・グループと親しくなった組織のみなさんにも感謝する。最高経営責任者同盟、ソリューションズ・アット・ワーク、TEC、青年起業家機構、青年社長会（YPO）など。そして、長年にわたる支援と助言に対してヴァーン・ハーニシュと彼のガゼレス社に謝意を表したい。

さらに、長い年月にわたって私の成長に貢献してくれた多くの先生、コーチ、マネジャー、メンターのみなさんにも感謝の気持ちを捧げる。私の家族に影響を与えてくれた聖イシドール教会と学校のコミュニティーにもお礼を言いたい。そして、メイク・ア・ウィッシュ・ファウンデーションのみなさん、素晴らしい仕事をしてくれたことと、ここ数年、私に小さな役割を果たさせてくれたことに、ありがとう。

そして最後に、私の人生でこれらすべての人に出会わせてくれ、すべてを与えてくださった恵み深い主に感謝します。

■著者紹介

パトリック・レンシオーニ（Patrick Lencioni）

経営陣の強化と健全な組織運営を専門とする経営コンサルティング会社、ザ・テーブル・グループの創設者兼社長。同社は、組織の健全性、チームワーク、および社員の仕事への取り組み方を向上させるためのアイデアや製品、サービスを提供。CEOと経営陣への助言を通して、彼らのビジネス戦略の中でよりまとまりのある組織作りを支援している。そのリーダーシップモデルは幅広く受け入れられ、複数の「フォーチュン500」企業を含む、ハイテクベンチャー、プロスポーツ団体、軍関係組織、非営利団体、大学、教会といったあらゆるクライアントに導入されている。『あなたのチームは、機能してますか？』『ザ・アドバンテージ なぜあの会社はブレないのか？』（いずれも翔泳社）など著書多数。妻のローラと４人の息子、マシュー、コナー、ケイシー、マイケルとともにサンフランシスコのベイエリア在住。www.tablegroup.com

■訳者紹介

小谷　力（おだに・つとむ）

英語翻訳者。国際基督教大学卒業後、シカゴ大学大学院で政治学博士号を取得（国際政治学）。国際ビジネスコンサルティングに携わりながら翻訳を手がける。

2020年１月３日 初版第１刷発行

フェニックスシリーズ ㊻

決《き》める会議《かいぎ》

著　者　パトリック・レンシオーニ
訳　者　小谷力
発行者　後藤康徳
発行所　パンローリング株式会社
〒160-0023　東京都新宿区西新宿 7-9-18　6階
TEL 03-5386-7391　FAX 03-5386-7393
http://www.panrolling.com/
E-mail　info@panrolling.com
装　丁　パンローリング装丁室
印刷・製本　株式会社シナノ

ISBN978-4-7759-4217-8